Friedrich Armand Strubberg

In Süd-Carolina und auf dem Schlachtfelde von Langensalza

2. Band

Friedrich Armand Strubberg

In Süd-Carolina und auf dem Schlachtfelde von Langensalza
2. Band

ISBN/EAN: 9783744638845

Hergestellt in Europa, USA, Kanada, Australien, Japan

Cover: Foto ©ninafisch / pixelio.de

Weitere Bücher finden Sie auf **www.hansebooks.com**

In

Süd-Carolina und auf dem Schlachtfelde von Langensalza.

Von

Armand.

Der Verfasser behält sich das Recht der Uebersetzung vor.

Zweiter Band.

Hannover.

Carl Rümpler.

1869.

Inhalt des zweiten Bandes.

Seite.

Vierzehntes Kapitel.

Das Sinnbild. Gefährliche Fahrt. Die Angst. Der treue Wächter. Die Abgesandten. Der Advocat. Deutsche Hochherzigkeit.

Kaum war Adeline in ihr Zimmer eingetreten, und hatte das schwarze Tuch verschlossen, als eine Dienerin im Auftrage ihrer Mutter bei ihr erschien, und sagte:

Madame Ramière läßt Sie fragen, Fräulein, ob Sie Heute Abend mit zu Balle gehen würden?

Adeline schreckte freudig zusammen, behielt auf ihrem Aeußern aber ihre Ruhe, und fragte:

Wo wird der Ball sein?

In dem großen Concertsaal, es werden viele

Hundert Personen Theil daran nehmen, erwiederte die Sclavin.

Sage meiner Mutter, ich ließ ihr für die Einladung danken, ich befände mich aber nicht wohl genug, um mitzugehen.

Damit wandte sie sich von der Dienerin ab, doch kaum hatte dieselbe das Zimmer verlassen, als Abeline auf ihre Kniee niedersank, ihre gefalteten Hände über sich erhob, und ihre mit Freudenthränen gefüllten Augen nach Oben richtete.

Ihr Herz strömte in Dank zum Himmel über für die Seligkeit, die ihr an diesem Abend zu Theil werden sollte.

Da naheten sich Tritte in dem Corridor, Abeline sprang empor, und Cillena trat ein.

Das wird eine wilde Nacht in der Stadt geben, sagte die Sclavin, man will illuminiren, es sollen große Aufzüge stattfinden, und mehr als fünfzig Bälle werden sein.

Du kannst Abends in die Stadt gehen, um Alles

zu sehen, und mir dann Morgen über Alles Bericht erstatten. Horche umher, ob Du Etwas über Fort Sumter erfahren kannst, hörst Du, Cillena?

Ja, Herrin! antwortete die Sclavin, ach, es will mir das Herz zerreißen, wenn ich die Leute so von Herrn Bayard reden höre — wenn man seiner habhaft würde, so wäre sein Tod sicher.

Höre Dich danach um, was man etwa für Pläne macht, um ihn zu fangen, vielleicht kannst Du von dem Diener Capitain Stauton's etwas erfahren — Du bist ja mein Trost, meine Stütze, Cillena! sagte Adeline liebevoll zu der Mulattin.

Ja, Herrin, und ich will es bleiben, so lange ich athme, antwortete das Mädchen, warf sich vor Adelinen nieder, und umklammerte ihre Kniee.

Ich weiß es ja, gute Cillena, und ich werde Dir Deine Liebe, Deine Treue ewig danken, fuhr Adeline fort, und ließ der Sclavin ihre Hand, welche dieselbe mit ihren Küssen bedeckte.

Es ist Zeit, daß Sie hinuntergehen, Herrin,

sagte diese, sich erhebend, glättete derselben schnell das Haar, und öffnete die Thür für sie.

Beim Frühstückstisch wurde des Balles nicht weiter erwähnt, so wie man überhaupt in Abelinens Gegenwart nicht über die Angelegenheiten sprach, welche die Stadt bewegten.

Als sie das Speisezimmer verließ, stand Guido im Corridor, um sich ihr zu zeigen, für den Fall, daß sie seiner Dienste bedürfen sollte.

Abeline winkte ihm im Vorübereilen mit einem Blick, und bald, nachdem sie sich in ihrem Gemach befand, trat der Sclave zu ihr ein.

Soll ich denn nicht einmal hinüber nach Sumter fahren, Herrin? fragte er mit bittendem Tone.

Herr Bayard wird diesen Abend um zehn Uhr herüberkommen, entgegnete Abeline mit bebender Stimme, Du mußt im Parke Acht geben, daß Niemand in unsre Nähe trete, sein Leben steht auf dem Spiel.

Und mit dem meinigen werde ich es vertheidigen, versetzte der Sclave mit aufglänzendem Blick.

Lasse nie die Revolver sehen, welche ich Dir gab, Guido, Du weißt, es ist verboten, daß Ihr Waffen tragt.

Niemals, Herrin, seien Sie unbesorgt. Soll ich Herrn Bayard heute Nacht nicht in einem unsrer Boote nach dem Fort zurück begleiten?

Wenn man ihn in einem Schiffe verfolgen sollte, so könnte ich dasselbe zurückhalten, sagte der Mulatte.

Meine Abwesenheit wird nicht bemerkt, da ich in meiner Hängematte im Freien schlafe, und die Nacht ist dunkel.

Ja, Guido, das sollst Du thun, wenn Herr Bayard es erlaubt, antwortete Adeline in großer Aufregung, halte Dich während des Tages viel in der Stadt auf, Du erfährst vielleicht etwas über Fort Sumter.

Die Straßen von Charleston waren Heute noch mehr belebt, als bisher, und in der Aufregung der sie durchziehenden Menschenmassen sah man, daß etwas Ungewöhnliches sie bewege. Besonders in der King-straße und der Meetingstraße, welche beide die Stadt von deren Südspitze von der Batterie nach Norden durchschneiden und in ihrer Mitte an dem Marktplatz vorüberführen, war das Volksgewühl groß, und die Häuser Nachmittags mit Blumen und Guirlanden, mit reichen Teppichen und Palmettoflaggen geschmückt und geziert.

Als aber der Tag verblich und die Nacht herein-brach, begannen Lichter und Lampen in den Fenstern und auf den Balkonen zu strahlen, und bald war die Stadt in ein Lichtmeer gehüllt.

Vor allen aber war die Kingstraße prächtig er-leuchtet, und auf dem Marktplatz wogten die rothen Flammen von unzähligen Fackeln über dem Volks-gedränge. In der Mitte des Platzes war man be-schäftigt, einen Scheiterhaufen zu erbauen, während die Hurrahs für Süd-Carolina und der Ruf „Tod Abraham Lincoln" nicht verhallten.

Um diese Zeit sammelten sich Tausende von Männern, welche bunte Papierlaternen auf langen Stöcken über sich trugen, auf dem Werfte an dem Südende der Kingstraße, und zwischen den Laternen wogten große transparente Papierkasten mit Inschriften auf ihren Seiten, welche Hohn, Spott und Beschimpfung gegen die Nordländer, gegen die Regierung in Washington und gegen Lincoln enthielten.

Man ordnete sich in der Kingstraße hinauf in einen Zug, Musikbanden traten in denselben ein, und an seiner Spitze trug man auf einem Thronsessel eine lebensgroße Puppe, welche den gewählten Präsidenten Lincoln vorstellte.

Der Lärm, der Tumult übertönte die Musik, wie eine feste, wogende Masse drängte sich der Zug in der Straße hinauf, aus allen Fenstern, von allen Balkonen wehten geputzte Damen den vorüberziehenden Männern ihren Beifall zu, und „Tod Lincoln!" schrie es von hunderttausend Lippen.

Endlich langte die Spitze des Zuges auf dem

Marktplatze an, das Conterfei des Präsidenten wurde unter einem Donner von Flüchen und Verwünschungen auf den Scheiterhaufen hinaufgehoben, und nun trat ein Redner auf die gegenüber errichtete Tribüne, und erging sich in Schmähungen und Herabwürdigungen gegen den Mann, der im März an die Spitze der Regierung in Washington treten sollte.

Nur einzeln unterbrach man den Redner durch zügellose, wilde Beifallsrufe, doch als derselbe geendet hatte, da schrie es wie Sturm und Donner aus dem Menschengewühl heraus, und in demselben Augenblick loderten die Flammen zwischen dem Holzstoß um die Puppe Lincoln empor.

Erst, als dieselbe von dem Feuer verzehrt und der Scheiterhaufen in Kohlengluth zusammen gesunken war, verzog sich die ungeheure Volksmenge, und vertheilte sich in den unzähligen Vergnügungsorten in und nahe bei der Stadt, Musik ertönte in allen Richtungen, und Feuerwerke stiegen fast ununterbrochen zum Himmel auf.

Während dieser Zeit steuerte Bayard sein kleines Schiffchen über die dunkle Fluth, und sah mit Beruhigung nach dem Lichtmeer, welches über der Stadt schwamm. Mit starker Hand hielt er das Ruder und die Segelleine, und trieb den Nachen fliegend über die Wogen dahin dem Aschleyflusse zu.

Nirgends war gegen den Lichtschein von der Stadt her ein Boot, ein Segel zu erkennen, und nur das Rauschen der Wellen vor der Spitze des Schiffchens und die fernen Jubelklänge in der Stadt unterbrachen die Stille, die den nächtlichen Schiffer umgab.

Näher und näher kam Bayard dem heißersehnten Ziele, und höher und lauter schlug sein Herz, endlich hatte er den Fluß erreicht, nur noch Minuten sollten vergehen, bis er seine Adeline wieder in seinen Armen halten würde, und mit aller Macht spähete er durch die Dunkelheit vor sich nach dem Ufer hin.

Jetzt glitt der Nachen der Mauer entlang, er schoß vor die Treppe „mein Hugo“ flüsterte es mit zitternder Stimme zu Bayard herab, und im nächsten Augenblick hielt er Adelinen an seinem Herzen.

Während Guido den Kahn befestigte, eilten die beiden Glücklichen die Stufen hinan und auf der Terrasse hin der Laube zu, welche unter den säuselnden Fächern der Palmen verborgen stand.

Alles Leid, alle Sorgen waren vergessen, und nur die Seligkeit der Gegenwart durchbebte die Herzen der Liebenden, sie hatten ja Alles, was sie zu ihrem Glück bedurften, sie hatten einander selbst wieder.

Worte der innigsten Liebe, Versicherungen ewiger Treue flüsterten sie einander zu, und unter heißen Küssen verstummten wieder und wieder ihre Lippen.

In den ersten Wonnerausch ihres Wiedersehens aber drängten sich doch bald Gedanken an die Zukunft, und namentlich traten die Gefahren, welche Bayard bedrohten, mahnend vor Adelinens Seele.

Ach, Hugo, Du darfst aber nicht wieder zu mir kommen — ich leide es nicht — Dein Leben ist gefährdet, hub Adeline mit angsterfülltem Tone an, man gibt Dir allein die Schuld, daß Ihr nach Sumter hinüber gezogen seid, der Haß gegen Dich ist grenzenlos, und wenn man Deiner habhaft würde, so wärest Du ohne Rettung verloren.

Sorge nicht, mein Engelsmädchen, sie sollen mich nicht fangen. Ich werde mein Segel schwarz färben, dann kann man es in dunkler Nacht nicht sehen, und der Weg von Sumter hierher ist ein breiter; wenn nur Dein spätes Hiersein im Hause nicht auffällt, antwortete Bayard.

Das hat keine Gefahr, fuhr Abeline fort, ich bewohne mein Zimmer allein, und kann mich unbedingt auf Cillena verlassen. Außerdem aber ist ein Zerwürfniß zwischen mir und den Meinigen eingetreten, und unsre Berührungen sind nur bei Tafel. Man läßt mich allein, und thut, als sei ich nicht in der Welt.

Arme, gute Abeline, und das um meinetwillen! sagte Bayard tief ergriffen.

Um meiner selbstwillen, Hugo, fiel ihm Abeline

in das Wort, um meiner Ehre willen, die es nicht dulden konnte, daß man Dich meiner unwerth erklärte. Ach, Hugo, es ist ja gut, daß es so gekommen ist, denn sonst wäre mir vielleicht das Glück nicht zu Theil geworden, jetzt an Deinem Herzen zu ruhen.

Und doch, und doch darf ich es nicht leiden, daß Du wieder hierher kommst, ein unglücklicher Zufall könnte es verrathen, und dann wäre es um Dich geschehen.

Nein, nein, um keine Welt!

Dabei warf sich das Mädchen an des Geliebten Brust, und verbarg dort ihre Thränen.

Bist Du eine Soldatenbraut und hast so wenig Muth? sagte Bayard jetzt mit erzwungnem heiterm Tone, um Adelinen's Thränen zu verscheuchen, glaube mir, meine Vorsicht beseitigt jede Gefahr.

Darum aber zeige mir auch nicht unnöthig, und ausschließlich nur unter dringendster Nothwendigkeit, das schwarze Tuch, denn wenn ich Dir Heute früh nachgegeben hätte, so wären wir jetzt nicht so hoch beglückt.

Wie gern, wie gern, füge ich mich Deinem Willen, mein Hugo, die Angst aber macht mich schwach, ich sehe gleich das Schlimmste, sagte Adeline, und schmiegte sich wieder liebkosend in Bayard's Arm.

Konntest Du denn die Zehn auch deutlich erkennen? fragte Bayard.

Ganz gut, sehe ich doch in Deinen Augen, ob Du heiter gestimmt bist, antwortete Adeline.

Nun, wenn ich Dir einmal ein G. zeigen sollte, so heißt das Guido, und dann gebe ich Dir auch die Stunde an, wann Du ihn zu mir herübersenden sollst, fuhr Bayard fort, und nun beredeten sie noch unzählig viele Zeichen, durch welche sie sich einander verständlich machen wollten.

Nur Eines versprich mir bei Deiner Liebe zu mir, mein Hugo, versprich mir, daß Du gewiß nicht kommen willst, wenn ich Dir das schwarze Tuch zeige, bat Abeline jetzt, legte beide Hände auf die Schulter Bayard's, und sah ihm flehend in die Augen.

Ja, ja, mein Leben, mein Alles, bei meiner Liebe verspreche ich es Dir, nur zeige es mir nicht unnöthig — nur im äußersten Nothfall, antwortete Bayard, Abelinen zärtlich umfangend.

Da schritt Guido in nicht großer Entfernung an der Laube vorüber, und Abeline sagte, sich nach ihm umwendend:

Guido will uns daran erinnern, daß es Zeit sei, uns zu trennen, es ist schon spät, und die Meinigen werden bald von dem Balle zurückkehren. Ach Hugo, dieses Trennen, dieses Losreißen von Dir will mir die Seele zerschneiden!

Ich komme bald wieder, Engels Abeline, antwortete Bayard beruhigend, und wenn Du glaubst, daß Alles sicher ist, so kannst Du selbst mich ja zu Dir rufen!

Ach Gott, dazu werde ich mich nie entschließen

können, die Angst um Deine Sicherheit lähmt mir
die Hand, sagte Adeline, ihren Arm um Bayard's
Nacken schlingend, gieb Du mir das Zeichen; dann
wirft mein Herz den fragenden, den bangenden Ver-
stand zur Seite. Nicht wahr, Du kommst bald
wieder?

Bald, bald, mein Glück, meine Seligkeit! antwortete Bayard, sich mit Adelinen in seinen Armen,
erhebend, nun will ich eilen und mein schnelles Schiff
nach Sumter steuern, noch ist das Volk in der Stadt
im Taumel, und der Wind ist günstig.

So schritten sie Arm in Arm nach der Treppe
und nach dem Boot hinab, der letzte Abschied wurde
genommen, und mit Adelinen's Thränen auf seinen
Lippen schoß Bayard in seinem Schiffchen über die
dunkle Fluth dahin.

Fliegenden Flusses eilte die Creolin nach der
Seitenthür des Hauses, wo Cillena sie mit den Worten
empfing:

Schnell, Herrin, ich höre den Wagen kommen,

und nach wenigen Augenblicken sprang Abeline in ihr Zimmer, während die Ihrigen, vom Balle zurückkehrend, an das Haus vorfuhren.

Ohne Licht zu machen, suchte sie glückdurchbebt ihr Lager, und nahm den Geliebten mit in ihre Träume hinüber.

Das neue Jahr war über die neue Republik Süd-Carolina aufgegangen, und in wildem Uebermuth war es von dessen Volk begrüßt worden.

Mit zügelloser Ungeduld sah man jetzt von Tag zu Tag, von Stunde zu Stunde einer entscheidenden Antwort der Regierung in Washington entgegen, und schon sprach man sich in den öffentlichen Blättern dahin aus, daß wenn dieselbe länger damit zögere, man ihr den Krieg erklären solle, da traf am 5. Januar die Nachricht in Charleston ein, daß die Bevollmächtigten Süd-Carolina's von dem Präsidenten Buchanan mit dem Bescheid abgewiesen worden wären, daß er sie nicht als solche empfangen werde, und daß es fern von ihm sei, die Besatzungen aus den Festungen in Süd-Carolina abzurufen.

Das war der zündende Blitz, der die Flammen des Krieges in Süd-Carolina entfesselte, und sie nach den übrigen Sclavenstaaten hinüberlodern ließ.

Die Rückkehr der Bevollmächtigten steigerte die Wuth des Volkes in Charleston auf den höchsten Punkt, Alles drängte sich herzu, um in die Armee einzutreten, und Tausende von Arbeitern meldeten sich, um auf den Küsten um Fort Sumter noch mehr Batterien zu errichten.

José Artega, der Sohn des Don Francisco Artega, eine leitende Persönlichkeit unter den in Washington zurückgewiesenen Bevollmächtigten Süd-Carolina's war ein schlanker, kräftiger, junger Mann mit edlem, stark geschnittenem Profil, dunkeln, lebendigen Augen und tief schwarzem, aufstrebendem Haar.

Er war Advocat, genoß bei dem Volke großes Ansehen, und stand in der vordersten Reihe der

Fanatiker für Sclaverei und Lostrennung von der Union.

Schon am Abend nach seiner Rückkehr von Washington redete er auf dem Marktplatz, wo eine Tribüne errichtet war, zu dem Volke.

Er sprach von der Herrschsucht des Nordens, wie man dort den Süden knechten und ihm Fesseln anlegen wollte, zeigte, daß die Nordländer bisher nur von der Thätigkeit der Südländer gelebt und ihre Geldkisten gefüllt hätten; ließ sich in den schärfsten Worten über den Schimpf aus, den man Süd-Carolina durch die Behandlung seiner Bevollmächtigten in Washington angethan habe, und sagte, daß es jetzt kein anderes Mittel mehr gäbe, die Ehre und die Freiheit des Südens zu retten, als das Schwert.

Und mit wildem, zügellosem Beifall wurde der Aufruf zum Kampfe begrüßt, und den Nordländern Tod und Untergang geschworen.

Von Tag zu Tag hatte sich Wallstein's Entrüstung über die ihn umgebenden Zustände gesteigert,

er hatte nicht allein eingesehen, daß hier im Süden
keine Spur mehr von Recht und Freiheit vorhanden
war, er hatte sich auch überzeugt, daß dieses Volk un-
fähig sei, solche im wahren Sinne des Wortes zu
handhaben und aufrecht zu halten, und mit Verachtung
und Ueberdruß beschloß er, sich von den Rebellen ab-
zuwenden, und seine Kräfte dem Norden zu widmen.

Er wollte sich um die Union, um die von ihm
so hoch gefeierte Constitution verdient machen, wollte
ihr Hülfe leisten, und dazu bot ihm Fort Sumter die
beste Gelegenheit.

Der Entschluß war vollständig in ihm gereift,
sich zu Major Anderson zu begeben, und ihm seine
Dienste anzubieten.

An diesem Abend, während der Advokat José
Artega zu dem Volke redete, ging Wallstein nach einem
entlegenen Werfte an der Nordseite der Stadt, wo
Kähne zu Spazierfahrten und zum Fischen ausgeliehen
wurden, und beredete dort einen jungen Schiffer, ihn
für hohen Lohn nach Fort Sumter hinüberzufahren.

Er sagte ihm, daß ein Bruder von ihm, den er in vielen Jahren nicht gesehen habe, sich unter der Besatzung befände, von welchem er Abschied nehmen wolle; da ja wahrscheinlich die Mannschaft unter den Trümmern der Festung begraben werden würde.

Der Schiffer glaubte an die Erzählung, er meinte, daß Wallstein seinen Bruder sicher niemals wiedersehen würde, wenn es nicht jetzt geschähe, und rieth, bald möglichst zu fahren, da augenblicklich die Leute um José Artega versammelt wären, und Niemand dem Nachen Aufmerksamkeit schenken werde.

Wallstein trug nun eilig einen schon bereiten Brief an seinen Schwager auf die Post, in welchem er ihm sein Vorhaben mittheilte, und bald darauf befand er sich in dem kleinen Nachen auf dem Wege nach Fort Sumter.

Nirgends auf dem glatten Wasserspiegel war ein Boot zu sehen, und ohne Störung nahete sich in dem Düster der hereinbrechenden Nacht der Kahn mit Wallstein, der Veste.

Als sie die hohe, breite Treppe, welche aus der Fluth zu dem Eingange in das Fort hinaufführte, erreichten, rief der dort stehende Posten sie an, und fragte, was sie wollten.

Ich komme, um Major Anderson zu sprechen, antwortete Wallstein, reichte dem Schiffer das Geld für die Ueberfahrt, und sprang auf die untere Treppenstufe, worauf die Schildwache die Ankunft eines Fremden durch das Eingangsthor meldete. -

Während Wallstein nun auf der Treppe die Antwort aus dem Fort erwartete, ruderte sein Schiffer eiligst nach der Stadt zurück, und der Posten schritt, Gewehr im Arm, an der sechszig Fuß hohen Mauer auf und nieder.

Bald darauf trat ein Officier aus dem Eingang auf die Höhe der Treppe, blickte verwundert nach Wallstein hinunter, und fragte:

Haben Sie einen Auftrag an Major Anderson auszurichten, Herr?

Zu dienen, Herr, ich wünschte ihn selbst zu sprechen, antwortete Wallstein mit höflichem Ton und einer Verbeugung.

So treten Sie ein, ich werde Sie zu ihm führen, sagte der Officier, worauf Wallstein ihm in das Fort und nach dem Zimmer Anderson's folgte.

Ein Herr Wallstein wünscht Sie zu sprechen, Major Anderson, sagte der Officier zu diesem, indem er ihm jenen vorstellte, und verließ wieder das Zimmer.

Anderson erhob sich aus seinem hölzernen Armstuhl, und auch Bayard, der neben ihm an dem Tische saß, stand auf.

Bringen Sie mir eine Botschaft? fragte der Major eifrig, und heftete seinen fragenden Blick mit Interesse auf Wallstein.

Ich bringe Ihnen mich selbst mit der Bitte, mich in die Reihen Ihrer Getreuen stellen und die

Flagge der Union mit vertheidigen zu dürfen, antwortete Wallstein lebhaft, ich bin ein Deutscher, kam vor Kurzem in dieses Land, um unter dem Segen seiner freien Verfassung mir eine neue Heimath zu gründen, und finde dieselbe von Rebellen bedroht. Gestatten Sie es, Major Anderson, daß ich mir das Bürgerrecht im Kampfe gegen die Feinde der Union verdiene; ich war in Deutschland schon Soldat und weiß die Waffe zu gebrauchen. Ein Mann mehr, oder weniger, ist Ihnen freilich nicht von Bedeutung, doch einen Mann in der That sollen Sie in mir finden.

Wallstein sprach mit so aufrichtiger und wahrer Begeisterung, daß Anderson angenehm davon überrascht, ihm die Hand reichte, und sagte:

Sie sind mir willkommnen, Herr, doch überlegen Sie, was Sie thun; Sie setzen ihr Leben ein, unsre Lage ist eine sehr gefährliche. Noch ist es Zeit, wieder nach der Stadt zurückzukehren.

Ich habe den Nachen, der mich hierher führte, schon fortgesandt, da ich es vorher überlegte, was ich thun wollte, entgegnete Wallstein, ich kam entschlossen, Ihr Schicksal zu theilen.

Wohlan denn, so begrüße ich Sie im Namen der Union als Kameraden, Herr Wallstein, versetzte Anderson freundlichst, und machte ihn nun mit Capitain Bayard bekannt.

Fünfzehntes Kapitel.

Selbstbeherrschung. Das unbekannte Dampffschiff. Die feindlichen Batterien. Gewagtes Unternehmen. Der Verdacht.
Die Bitte. Der treue Diener. Das Gefecht.

Mit der größten Selbstbeherrschung sah Major
Anderson, wie man um ihn auf den, im Bereiche
seiner Kanonen liegenden Küsten Tag und Nacht be-
schäftigt war, Batterien zu errichten, deren Geschütze
ihm Verderben bereiten sollten, und die, im Entstehen
zu vernichten, in seiner Macht lag, doch der letzte
Befehl, den er von seiner Regierung erhalten hatte,
lautete ausdrücklich, nur, wenn er angegriffen würde,
sich zu vertheidigen, keinenfalls aber selbst den
Bürgerkrieg durch einen voreiligen Schuß zu er-
öffnen.

Vergebens suchten ihm seine Officiere zu be-
weisen, daß in dem Erbauen von Batterien im
Bereiche seiner Kugeln ein Angriff auf ihn ange-
kündigt werde, und daß er das vollste Recht habe,
dasselbe zu verhindern, er blieb unerschütterlich dabei,
nur die Schüsse, die nach Fort Sumter gerichtet
werden würden, beantworten zu wollen.

Da erschien Morgens am 9. Januar von See
her ein großer Dampfer, auf welchem Anderson die
Flagge der Union erkannte. Es war der »Star of
the West«, welcher zweihundertundfünfzig Artilleristen
und Marinesoldaten, sowie Munition und Lebensmittel an Bord hatte, um Fort Sumter. damit zu
verstärken.

Anderson war hiervon nicht unterrichtet, denn
seine Correspondenz mit Washington hatte seit seiner
Uebersiedelung nach Sumter vollständig aufgehört;
doch die wehende Flagge der Union, womit das Schiff
in den Haupthafen der Empörer einfuhr, ließ ihn
ahnen, daß es so sein könne.

Es sollte mich gar nicht wundern, wenn der Dampfer Verstärkung für uns an Bord hätte, sagte Anderson zu Bayard, während Beide die Fernrohre auf denselben gerichtet hielten.

Würde man ihn aber denn so ohne alle Bedeckung hergesandt haben? entgegnete Bayard.

Freilich wäre es sehr leichtsinnig und unvorsichtig gehandelt, fuhr Anderson fort, wer aber weiß, ob sie in Washington augenblicklich über Kriegsfahrzeuge zu verfügen haben, die größte Zahl davon ist auswärts auf Station und die Rebellen haben viele in Beschlag genommen. Ich bin neugierig darauf, was er bringt.

Der Dampfer hatte sich jetzt Fort Sumter, sowie Fort Moultrey bis auf eine Entfernung von zwei Meilen genähert, und steuerte ungefähr eine halbe Meile weit an der Morries Insel vorüber, als auf dem Strande derselben plötzlich eine weiße Rauchwolke aufstieg, und gleich darauf der Donner eines Geschützes nach Sumter herüber schallte.

Da haben wir es, die Schurken wollen ihn nicht durchlaffen, rief Anderfon heftig, als eine zweite Unionsflagge auf dem vordern Mafte des Schiffes aufgezogen wurde. Doch gleich darauf fiel ein zweiter und ein dritter Schuß aus der Batterie auf der Morris Infel, und auch von Fort Moultrey wurde jetzt das Feuer eröffnet.

Anderfon gab den Befehl, die Geschütze, welche nach der Morris Infel und nach Moultrey zeigten, zum Feuern bereit zu machen, und mit Jubel wurde derselbe von der Befatzung fofort vollzogen.

Welchen Charakter aber trug das Schiff, war es ein gewöhnlicher Kauffahrer, oder kam es im Dienft der Regierung? Das war die Frage, die Anderfon sich nicht beantworten konnte, und so dringend ihn seine Officiere auch bestürmten, auf die Batterien zu feuern, so blieb er doch dabei, daß es gegen den er- haltenen Befehl sein würde, es zu thun.

Herüber und hinüber flogen die Kugeln über den Dampfer, und von einigen war er getroffen, als er plötzlich sich wandte, und wieder hinaus in den Ocean steuerte.

Kaum war das Schiff dem Auge entschwunden, als Anderson einen Officier unter Parlamentärflagge an den Gouverneur Pickens in Charleston sandte, und ihn fragen ließ, aus welchem Grunde man auf ein Schiff unter der Flagge der Union geschossen habe, worauf ihm die Antwort überbracht wurde, daß das Fahrzeug mit Verstärkung für ihn gekommen sei, und Carolina dessen Landen in Sumter nicht habe erlauben können.

So unbedeutend der Vorfall an sich auch war, so steigerte er doch den Uebermuth und die herausfordernde Kampflust der Süd-Caroliner noch mehr, und ihr Kriegsgeschrei fand in den übrigen Sclavenstaaten Gehör, denn Mississippi, Alabama, Florida, Georgien und Louisiana erklärten jetzt ihren Beitritt zu der neuen Republik, und endlich schloß sich auch Texas an sie an.

In allen diesen Ländern bemächtigte man sich

der Festungen, der Arsenale, der Münzen, und der Zollhäuser, und nahm alle nordischen Schiffe, deren man habhaft werden konnte, in Besitz.

In Montgomery, der Hauptstadt von Alabama, kamen die Vertreter der empörten Länder zusammen, gründeten das neue Reich unter dem Namen „Die conföderirten Staaten von Amerika", nahmen eine Constitution an, und setzten Jefferson Davis zum Präsidenten ein.

Die kriegerischen Vorbereitungen gegen Fort Sumter waren ungeheuer, alle Küsten im Bereiche seiner Geschütze waren mit Batterien gespickt, und immer noch mußte Major Anderson es täglich mit ansehen, wie noch mehr derselben erbaut wurden.

Man wird uns unter dem Schutthaufen des Fortes begraben, wenn wir nicht bald Verstärkung erhalten, sagte Anderson eines Abends zu Bayard, als sie über die Mauer nach den vielen Batterien auf den Küsten schauten, unsre Munition ist so spärlich, daß wir ein Feuer von allen diesen Schanzen nicht lange zu beantworten im Stande sein würden. Wenn ich nur einen Brief sicher nach Washington befördern könnte, um den Leuten dort unsre Lage klar zu machen.

Das übernehme ich mit Freuden, antwortete Bayard, ich fahre Morgen Abend hinüber, und meine Braut wird durch ihren Sclaven den Brief sicher zur Post besorgen.

Wäre es nicht besser, Sie gäben ihr ein Zeichen, den Sclaven herüber zu senden und den Brief hier abzuholen? fragte Anderson, Ihr Leben steht auf dem Spiel, denn man wird sicher jetzt alle Aufmerksamkeit darauf verwenden, daß wir keine Verbindung mit der Stadt unterhalten.

Nein, nein, ich will selbst hinüberfahren, die Nächte sind dunkel, und ich nehme einige schwere Doppelflinten mit Bockschrot geladen mit mir, durch einen einzigen solchen Schuß kann man die ganze Mannschaft eines Bootes vernichten, versetzte Bayard, und blieb trotz allen Vorstellungen Anderson's bei seinem Beschluß.

Am folgenden Morgen zeigte er Abelinen an, daß er am Abend zu ihr kommen wolle, und freudig wurde seine Anmeldung von ihr bewillkommnet.

Es war ein sehr heißer Tag, die Luft lag schwül und unbeweglich auf Fort Sumter, und die spiegelglatte See trug auf weit und breit keine Welle. Mit Verlangen spähete Bayard oft während des Tages nach allen Richtungen hin, ob er ein Zeichen eines herannahenden Windes entdecken könne, doch nirgends in der Ferne wollte sich die stille Fluth kräuseln.

Wenn auch sein Boot ein sehr leichtes war, so kostete es ihn doch mehr Zeit und mehr Anstrengung, dasselbe zu rudern, als es durch das Segel treiben zu lassen.

Sein Wunsch sollte aber dennoch gegen Abend in Erfüllung gehen, denn bei Untergang der Sonne kam ein leichter Wind von dem Ocean hergezogen.

Bayard nahm, als die Dunkelheit heranbrach,

den Brief von Anderson in Empfang, und als er
dann in sein Boot trat und das schwarz gefärbte
Segel entfaltete, sagte er scherzend zu dem Major:

Sollte ich auf meinem Rückweg hierher durch
unsre Feinde verfolgt werden, so müssen Sie mir mit
Ihren Kanonen zu Hülfe kommen.

Dann setzte er sich am Ruder nieder, und das
Schiffchen eilte unter dem leichten Drucke des Windes
davon.

Mit seinen Gedanken zu der Geliebten voran-
eilend, schaute Bayard nur von Zeit zu Zeit einmal
nach den Lichtern der Stadt hinüber, damit er seine
Richtung nach ihnen ermessen könne, und so geschah
es, daß er, schon nahe vor der Mündung des Aschley-
flusses, wieder nach dem hellen Werfte schaute. Da
gewahrte er zwei Boote, die weiter zurück ihm
folgten.

Der Wind war nicht regelmäßig, oft sank das
Segel Bayard's schlaff an dem Mast herab, und da

die beiden herankommenden Boote gerudert wurden, so näherten sie sich Bayard augenscheinlich.

Kaum hatte dieser es aber bemerkt, als er das Steuer in das Boot hob, Segel und Mast in dem= selben niederlegte, und nun seinen Nachen gleichfalls mit den Rudern dahintrieb, so daß die fremden Kähne wieder weit hinter ihm zurückblieben.

Beim Einbiegen in den Fluß konnte sein Auge dieselben nicht mehr durch die Dunkelheit auf dem Wasserspiegel erkennen, wohl aber drang der monotone Schall der Ruder noch zu seinem Ohr, bis derselbe gleich darauf ganz plötzlich verhallte.

Es fiel dies Bayard auf, denn warum folgten sie ihrer Richtung nicht weiter, warum hielten sie so plötzlich still?

Es war aber nur ein Augenblick des Argwohns, dann wandten sich seine Gedanken wieder der Geliebten entgegen, die ihn bald darauf an der Treppe mit seelenvoller Innigkeit empfing, und von dort mit ihm nach der Laube eilte, während Guido sich in ihrer Nähe aufhielt, um über ihre Sicherheit zu wachen.

Nach dem ersten Austausch ihrer freudigen Gefühle gab Bayard den Brief des Majors an Adelinen, und sie übernahm es, denselben eigenhändig auf die Post zu tragen. Im Laufe der Rede erwähnte Bayard auch der beiden Boote, welche ihm bis in den Fluß gefolgt, dort aber zurückgeblieben waren.

O, Gott, wenn man nur nicht entdeckt hat, daß Du von dem Fort hierher fährst, wie leicht könnte man Dich auf Deinem Rückweg gefangen nehmen, sagte Adeline erschrocken, und ergriff mit beiden Händen die Rechte Bayard's.

So leicht nimmt man mich nicht gefangen, mein Boot ist sehr schnell, und ich bin gut bewaffnet.

Die Männer würden aber auch nicht ohne Waffen kommen, und wenn ihrer viele wären, so könnten sie Dich überwältigen; ach, ich darf es mir nicht denken, daß sie Deiner habhaft würden, Hugo,

3 *

der Gedanke schon macht mich verzweifeln, antwortete Abeline.

Sorge nicht, bestes Mädchen, es ist gewiß nur zufällig gewesen, daß diese Boote mir folgten, wie sollte man denn auf den Gedanken kommen, daß Jemand von uns es wagen würde, das Fort zu verlassen? erwiederte Bayard.

Diesmal mußt Du es mir zu Liebe aber zugeben, daß Guido Dich begleitet, Du kannst Dich auf ihn verlassen, er setzt sein Leben für Dich ein, bat Abeline dringend.

Es ist ja wahrlich nicht nöthig, bester Engel sagte Bayard ausweichend.

Mir zur Beruhigung, laß ihn mit Dir fahren; dann höre ich doch von ihm, daß Du glücklich hinüber gelangt bist, sonst hätte ich keine Ruhe, bis ich Dich, Du Lieber, Morgen früh wieder erblickte. Nicht wahr, Du erlaubst es? flehte Abeline abermals.

Gern, gern, Du süße Seele, was in der Welt würde ich Dir nicht zu Gefallen thun! antwortete

Bayard, und nun theilte ihm Abeline alle Neuigkeiten mit, die sich seit ihrem letzten Zusammensein zugetragen hatten.

Hier hast Du auch etwas zu lesen, sagte sie, indem sie ein Paket aus ihrem Gewand hervornahm und es ihm reichte, ich habe Dir täglich geschrieben, und Du findest Alles genau darin, was in der politischen Welt geschehen ist, aber auch Alles, was sich in dem Herzen Deiner Abeline zugetragen hat.

Du braves, liebes Mädchen, wie soll ich Dir nur für Deine Liebe danken? fiel ihr Bayard erfreut in das Wort, und küßte ihre Hand, wie werden mich diese Zeilen in meinen einsamen Stunden so hoch beglücken!

Schreibe auch Du mir, wenn Du Nichts Wichtigeres zu thun hast, und wenn es zu gefährlich für Dich ist, zu mir zu kommen, so lasse ich mir Deinen Brief durch Guido holen, er führt es aus, und wenn es noch so schwierig wäre, fuhr Abeline fort, und so floh die Zeit dahin, bis Guido plötzlich heranschritt, und meldete, daß Capitain Stauton und Fräulein Olympia aus dem Hause in den Garten getreten seien.

Du sollst Herrn Bayard begleiten, Guido, sagte Adeline zu dem Sclaven, und während dieser nun nach der Treppe sprang, folgte sie mit Bayard eilig nach.

Ein kurzer herzinniger Abschied auf baldiges Wiedersehen wurde genommen, Bayard trat in sein Boot, Guido sprang in ein danebenliegendes, die Ruder strichen durch das Wasser, und dahin schossen die beiden Schiffchen den Strom hinab.

Bald waren sie vor Adelinens Blick verschwunden, dann lauschte sie noch von der Terrasse den davon-eilenden Ruderschlägen, und als ihr Ohr auch diese nicht mehr erfassen konnte, glitt sie unter den Palmen an der Seite des Parkes nach dem Hause, und ver-mied es, ihrer Schwester mit Stauton zu begegnen, welche wandelnd die Kühle der Nacht genossen.

Sie eilte hinauf auf das Dach des Gebäudes,

um auf die dunkle Fluth, über welche der Geliebte
fahren werde, hinabzuschauen, um ihm, wenn auch
nicht mit ihrem Blick, doch mit ihrer ganzen liebenden
Seele das Geleit nach dem Fort zu geben.

Haſt Du Waffen bei Dir? fragte Bayard den
Sclaven, indem ſie nebeneinander über das ſtille
Waſſer eilten.

Ja Herr, ich habe zwei Revolver bei mir, welche
die Herrin mir gab, antwortete Guido.

Ich frage nur für einen Nothfall, wir werden
hoffentlich keine Waffen nöthig haben, fuhr Bayard
fort, während ſie aus dem Fluß in die Bay hinaus-
glitten, und nun ihre Richtung etwas rechts nahmen,
um der Stadt nicht zu nahe zu kommen.

Eine Todtenſtille lag auf der See, kein Lüftchen
rührte ſich, und keine Welle rauſchte.

Bayard hielt ſeinen Blick ſpähend über die
Waſſerfläche nach dem Licht der Stadt gerichtet, doch
nirgends war ein Boot zu bemerken. Die Stadt
blieb zurück, die ſchwarze Geſtalt von Fort Sumter

trat aus der Dunkelheit hervor, und mit weniger Eile strichen die Ruder der beiden Schiffer leise durch die Fluth.

Ich höre Etwas vor uns, Herr, wie vorsichtige Ruderschläge, hub Guido plötzlich an, und hielt mit Rudern inne, und auch Bayard ließ seine Hände rasten, und lauschte in die Nacht hinaus.

Da klang abermals ein leiser Ton, wie der eines Ruderschlags, zu den Beiden herüber, und Bayard sagte:

Du hast Recht, es ist gerade vor uns nach Sumter zu, und es scheint mir, nicht weit von uns zu sein. Wir wollen etwas links ausbeugen.

Lassen Sie mich voranfahren, Herr, sagte Guido, und trieb sein Boot eilig vorwärts.

Sogleich wurden die Ruderschläge in nicht großer Ferne wieder hörbar, und zogen gleichfalls nach der linken Seite hin.

Es gilt uns, sie wollen uns den Weg nach Sumter abschneiden, sagte Bayard, nimm diese

Doppelflinte, Guido, sie ist mit Röllern geladen, ich habe deren noch zwei im Boote. Mag es sein, wer es will, sie sollen uns nicht zurückhalten.

Dabei reichte er Guido das Gewehr, und ergriff die Ruder mit den Worten:

Nun vorwärts, gerade auf sie zu!

Nur wenige Minuten hatten sie ihre Schiffe dahin getrieben, als plötzlich eine gebietende Stimme ihnen entgegen rief:

Halt, wer seid Ihr? Und im nächsten Augen= blick erkannte Bayard zwei große, mit vielen Männern besetzte Boote in nicht großer Entfernung vor sich.

Links, Guido! rief er dem Sclaven zu, und jagte sein leichtes Schiffchen mit aller Kraft davon, um den Feinden seitwärts auszuweichen, doch diese folgten wieder derselben Richtung, und schrieen mit drohender Stimme:

Ergebt Euch, oder wir schießen Euch nieder!

Vorwärts, Guido! rief Bayard, und legte sich mit noch mehr Gewalt in die Ruder, so daß sein

Nachen zu fliegen schien, Guido aber, anstatt ihm zu folgen, wandte sein Boot dem vorderſten der Feinde zu, warf, als er es auf vierzig Schritt errreicht hatte, die Ruder vor ſich zuſammen, ergriff die Flinte, und feuerte die beiden Ladungen ſchwerer Schrote unter die Ruderer.

Laute Schreie, und dann aus dem zweiten Boote mehrere Büchſenſchüſſe waren die Antwort, doch Guido hatte die Ruder wieder erfaßt, und jagte hinter Bayard her.

Das zweite Schiff der Angreifer jedoch wurde mit großer Kraft gerudert, es blieb kurz hinter den beiden Fliehenden, und die Bemannung ſandte ihnen wieder und wieder eine Büchſenkugel nach, da rief Bayard dem Sclaven zu:

Laß ſie herankommen! warf ſeine Ruder zuſammen, wandte ſich mit einer ſeiner Flinten nach den Feinden hin, und ſchoß beide Läufe auf ſie ab, während Guido Schuß auf Schuß aus ſeinen Revolvern nach ihnen hinfeuerte.

Die Wirkung der vielen Schrote war abermals eine gewaltige, unter Klageschreien und Stöhnen sanken den Angreifern die Ruder aus den Händen, das Schiff drehte sich im Kreise, und statt der Kugeln, wurden den jetzt wieder davonrudernden Verfolgten nur noch Verwünschungen und Flüche nachgeschickt.

Sobald Bayard aber sich den Blicken der Feinde entzogen hatte, sagte er zu seinem treuen Begleiter:

Jetzt bin ich sicher, Guido, Dir aber droht Gefahr auf Deinem Heimwege, besser wäre es vielleicht, Du folgtest mir in das Fort, und bliebest dort, denn wenn man Dich gefangen nähme, so wärest Du verloren.

Sorgen Sie nicht, Herr, ich komme durch, wenigstens muß ich es versuchen, um meiner Herrin Nachricht von Ihnen zu bringen; sie hat vielleicht die Schüsse gesehen und gehört, und wird sich ängstigen, antwortete der Sclave, und fügte noch hinzu:

Doch besser, ich begleite Sie erst bis zum Fort, und fahre dann nach Hause.

Nein, Guibo, das ist nun nicht mehr nöthig, ich danke Dir für Deinen Dienst, Du hast mich gerettet, sagte Bayard, und reichte dem Sclaven die Hand hin. Jetzt eile zurück, und sage Deiner Herrin, ich sei glücklich im Fort angelangt; Gott behüte Dich!

Hierbei winkte Bayard dem Sclaven noch einen Gruß zu, und schoß in seinem Nachen davon, worauf Guido sein Halstuch und sein Taschentuch um seine Ruder wickelte, damit deren Bewegung an dem Holz des Kahnes kein Geräusch mache. Dann ruderte er lautlos in einem großen, von der Stadt abweichenden Bogen zurück dem Aschleyflusse zu.

Sechszehntes Kapitel.

Verzweifelte Ungewißheit. Das Rettungszeichen. Frohe Botschaft. Die Entdeckung. Die Verschworenen. Die Sclavin. Der Auftrag. Die Entgegnung. Sehnsüchtige Erwartung.

Adeline, als sie auf dem Dache stand, und im Geiste dem Geliebten über die dunkle Fluth folgte, sah plötzlich die Blitze der beiden Schüsse, welche Guido nach den Feinden feuerte, und hörte sogleich deren Donner zu ihr herüber rollen, entsetzt preßte sie ihre Hände gegen ihr Herz, und starrte nach dem Platz, wo die Finsterniß die Helligkeit des Gewehrfeuers verschlungen hatte, da blitzte es wieder und Schuß auf Schuß folgten nun rasch hinter einander.

O, Himmel, steh ihm bei! rief sie, wie von

der Hand des Todes berührt, aus, sank auf die Kniee nieder, und rang in Verzweiflung die Hände über sich.

Die frühere Stille war wieder eingetreten, eine grausige Stille für Abelinen, sie sprang auf, sie warf sich auf die Balluftrade, streckte ihre Arme bebend und zitternd vor sich aus, und stammelte ihr Flehen, ihr Gebet für den Geliebten hervor.

Alles blieb still und stumm, Abeline hing wie festgebannt an dem Geländer, stierte in die Nacht hinaus und klammerte ihre Hände krampfhaft in einander.

Was war geschehen — war Bayard verwundet — war er vielleicht schon todt? rief die Verzweiflung ihr zu, und unter heißen Thränen richtete sie immer wieder ihren Blick flehend zum Himmel auf.

Da plötzlich sah sie einen Lichtpunkt in der dunkeln Ferne, derselbe war genau in der Richtung

nach Fort Sumter hin, und wie ein Hoffnungsstrahl
schoß das Licht ihr durch die Seele.

Vielleicht wollte Bayard ihr seine glückliche Ankunft dadurch melden!

Gottlob, Gottlob! rief sie aus, und streckte dem
Lichte ihre Hände entgegen, da stieg der glühende
Streif einer Rackete über dem Lichte empor, und
eine zweite, eine dritte folgte in kurzen Zwischenräumen nach.

Ja, ja, es war der Gruß des Geliebten, der
zu Adelinen herüber strahlte, und freudebebenden
Trittes verließ sie nun das Dach und eilte in den
Garten, um dort der Rückkehr Guido's zu harren.

Was mögen die Racketen bedeuten, die soeben
dort über der Bay aufsteigen? hub Stanton an, indem er mit Olympia unter die Veranda des Hauses
trat, wo der junge Artega und dessen Mutter, sowie
das Ehepaar Ramière noch die erquickende Nachtluft
genossen, und nur der alte Artega fehlte.

Sie müssen über Fort Sumter aufgestiegen sein,

und zeigen, daß Anderson noch Verbindung mit der Stadt unterhält.

Das ist wohl kaum möglich, denn es liegen jetzt allnächtlich Wachtboote zwischen derselben und dem Fort, welche jedes von dort kommende, oder dorthin fahrende Schiff anhalten, versetzte José Artega.

Und wenn Anderson selbst keine Verbindung mit der Stadt hat, so bin ich doch fest davon überzeugt, daß dieser Bayard in irgend einer Weise eine solche mit Adelinen unterhält, und durch sie von Allem, was vorgeht, unterrichtet wird, fiel Olympia rasch ein, denn sie ist nicht allein mit ihrer Abgeschlossenheit von uns und der Welt zufrieden, nein, sie sucht sie, und verbirgt absichtlich ihr Thun und Lassen vor jedem Einblick. Ich habe Guido in Verdacht, daß er die Briefe trägt, und wer weiß, ob nicht Bayard selbst sich herüberstiehlt, ich traue es ihm zu.

Bayard? sagte José Artega, das wäre mehr wie Tollkühnheit; denn er ist ja für vogelfrei erklärt.

Das wird ihn nicht zurückhalten, nahm Stauton wieder das Wort, ich kenne ihn und seine verwegene Entschlossenheit, wenn er einmal etwas will. Ich glaube es eher, wie nicht, daß er selbst herüber gekommen ist.

Nun, das wäre doch wirklich eine Kleinigkeit, auszufinden, bemerkte José Artega, wir brauchen Abelinens Treiben ja nur ein wenig zu überwachen, um Bayard selbst, oder Guido als Briefträger zu fangen.

Nur bitte ich sehr, daß meine Tochter Adeline nicht dadurch compromittirt werde, fiel Madame Ramière stolzen Tones ein.

Freilich, darf dies nicht geschehen, versetzte José Artega wieder, eine solche Beziehung ihrerseits würde auch auf uns ein böses Licht werfen — das Volk erwägt nicht lange, ehe es ein Urtheil fällt.

Ich möchte wissen, ob Adeline jetzt auf ihrer Stube ist, oder wo sie sich befindet, hub Olympia an, indem sie aufstand und ging mit den Worten: Ich bin doch neugierig, in das Haus.

Nach wenigen Augenblicken kehrte sie dann unter die Veranda zurück, und bemerkte:

Die Lampe brennt hell in ihrem Zimmer, sie selbst aber ist nicht dort. Und im Garten sind wir ihr auch nicht begegnet, sie muß sich vor uns verborgen haben.

Dann wandte sie sich zu Stauton, und sagte:

Lassen Sie uns noch einmal durch den Garten gehen und sehen, ob wir sie nicht finden können.

Zwei Augen mehr, wird nicht schaden, versetzte José Artega, nehmen Sie mich mit, und so schritten die beiden Männer mit Olympia in ihrer Mitte in den Garten hinab.

Gottlob, Guido, rief in diesem Augenblick Adeline dem Sclaven zu, der in seinem Kahn vor die Treppe am Flusse schoß, denselben schnell befestigte und zu seiner Herrin hinaufsprang.

Alles gut, Herrin! flüsterte er dieser freudig zu,

man wollte Herrn Bayard fangen, zwei große, stark bemannte Boote kamen uns entgegen, wir haben uns aber tüchtig gewehrt, und Herr Bayard ist glücklich im Fort angekommen. Er sendet Ihnen seine Grüße.

Guter, bester Guido, ich danke Dir herzinnig, sagte Adeline im Ueberfluthen ihres Glücks, und hatte seine Hand ergriffen, als derselbe sie schnell zurückzog, und leise sagte:

Da sind die Herren mit Fräulein Olympia.

Adeline trat erschrocken zurück, faßte sich aber schnell, und sagte mit erzwungen ruhiger Stimme:

Nein, Guido, ich habe Nichts mehr für Dich zu thun, Du kannst zur Ruhe gehen, worauf der Mulatte sich verneigte, und mit dem Strohhut in der Hand an Olympia und ihren Begleitern vorüberschritt, indem er auch ihnen seine Verbeugung machte.

Adeline aber wandte sich von den Nahenden ab, und schritt anscheinend nachlässig auf der Terrasse

4*

unter den Palmen hin, wo sie in der Dunkelheit vor den Blicken der Späher verschwand.

Nicht zufällig ist sie mit Guido hier zusammen gekommen, hub Olympia an, sahen Sie nicht, daß sie ihm wie zum Dank die Hand reichte? Er hatte ihr augenscheinlich einen Dienst geleistet.

Wohl gar einen Brief von Bayard überbracht, fiel José Artega ein.

Davon wollen wir uns sogleich überzeugen, bemerkte Stauton hastig, wenn er in Sumter gewesen ist, so müssen die Ruder, mit denen er fuhr, noch naß sein.

Mit diesen Worten eilte der Capitain die Treppe hinab, trat in das erste davor liegende Boot, befühlte die darin liegenden Ruder, und schritt dann in das zweite, aus welchem er sich bückend nach der Treppe hinaufrief: Auch diese sind trocken.

Darauf stieg er wieder auf die Stufe, und wandte sich nach noch einem kleinern Nachen, welcher an deren Seite befestigt war. Kaum aber hatte er sich zu demselben hinab geneigt und eines der Ruder erfaßt, die aus dem Kahn hervorragten, als er ausrief:

Dies Boot ist soeben gebraucht worden, die Ruder sind noch ganz naß!

So war mein Verdacht doch begründet, und ohne Zweifel ist der Mulatte im Fort Sumter gewesen, versetzte Olympia, und fügte nach einigen Augenblicken noch hinzu: Man muß ihn dem Gerichte übergeben.

Das ist aus zwei Gründen nicht rathsam, entgegnete Artega, er würde es läugnen, uns fehlen die Beweise, und er würde die Fahrt nicht wieder wagen. Verschweigen wir aber unsern Verdacht, so wird er bald wieder eine Botschaft holen, wir fangen ihn auf der That, und er wird sofort zum Galgen verurtheilt.

Und meine Schwester wird des Hochverraths schuldig, fiel Olympia ein, ich stimme dafür, daß wir ihn bei seiner Fahrt nach Sumter hier erwarten,

ihn gleich bei seiner Ankunft niederschießen und in den
Fluß versenken, dann ist die Sache im Stillen abge-
macht und Abeline vor den Händen des Gerichts be-
wahrt.

Du haft Recht, Olympia, antwortete Artega,
ich werde ihn durch meinen Diener überwachen lassen,
damit wir es sogleich erfahren, wenn er davon gerudert ist; in den ersten Tagen wird es jedoch sicher
nicht geschehen, da er erst heute drüben war.

So wollen wir auch unsern Eltern Nichts davon
sagen, sie könnten Einwendungen machen, fiel Olympia
ein, und so schritten sie, sich beredend wieder nach dem
Hause zurück.

Sie bemerkten aber Abelinen nicht, welche unweit
von ihnen in einem dichten Gebüsche zusammengekauert
saß, wohin sie sich ungesehen und ungehört zurück-
geschlichen und von dort das ganze Gespräch mit angehört hatte.

Jetzt sprang sie hervor, eilte fliegenden Fußes
an der Seite des Gartens hin, und erreichte die

Nebenthür des Gebäudes, ehe die drei Verschworenen
dort anlangten.

Sie begab sich sogleich nach ihrem Zimmer und
ließ sich an ihrem Schreibtisch nieder, um Bayard
vom Geschehenen zu benachrichtigen, denn Morgen
Abend sollte Guido nach Fort Sumter fahren, um
dort zu bleiben, da er hier nun seines Lebens nicht
mehr sicher war.

Lange schon lag Alles im Hause in tiefem
Schlafe, als Adeline noch an ihrem Tische saß und
dem Geliebten ihrer Seele schrieb, ach, es war ja
das letzte Mal, daß ihr die Aussicht blieb, ihm Kunde
von sich zu geben und ihm zu sagen, wie theuer er
ihrem Herzen sei.

Erst gegen zwei Uhr ging sie zur Ruhe, doch
der Schlaf blieb ihr noch lange fern.

Cillena hatte schon geraume Zeit am folgenden
Morgen vor dem Lager ihrer Herrin gestanden, und,
auf deren mildes, ruhiges Antlitz schauend, gezögert,

sie zu wecken, als Abeline die Augen aufschlug, und der Sclavin liebevoll ihre Hand reichte.

Gute Cillena, Du hast mich nicht wecken wollen — es ist wohl schon recht spät? sagte sie zu der Dienerin.

O nein, Herrin, Sie ruhten aber so sanft, und da konnte ich mich nicht entschließen, Sie zu stören, obgleich Sie es mir befohlen haben, Sie immer so zeitig zu wecken. Es ist noch früh genug, um vor dem Frühstück auf das Dach zu gehen.

Abeline hatte sich rasch erhoben, ordnete schnell ihre Toilette, und eilte nach ihrem Lieblingsplatz hinauf, von wo sie bei ihrem ersten Blick durch das Fernrohr auch sogleich den Geliebten fand.

Sie hatte einen großen Bogen Papier mit sich hinauf genommen, auf welchen sie in der Nacht ein riesiges G. gezeichnet hatte. Nach der ersten Begrüßung entfaltete sie das Papier vor der Balluftrade, und deutete Bayard an, daß Guido nach Sonnenuntergang zu ihm hinüber kommen werde.

Dann schaute sie wieder durch das Fernrohr, und erhielt nun von Bayard das Zeichen, daß er sie verstanden habe.

Nur kurze Zeit ward ihnen heute zum Austausch ihres Glücks vergönnt, denn Cillena rief ihre Herrin bald zum Frühstück ab.

Wohl las Adeline dort auf den Zügen der Schwester und José Artega's den Triumpf über die gemachte Entdeckung, und die Sicherheit, mit welcher sie den gemachten Plan gegen den armen Guido auszuführen gedachten, sie selbst aber ließ die Freude, die ihr das Herz bewegte, nicht auf ihrem Antlitz sehen, sie schaute ernst und sinnend vor sich hin, und nahm nur wenig Antheil an der bedeutungslosen Unterhaltung, welche gepflogen wurde.

Als sie auf ihr Zimmer zurückkehrte, harrte Guido ihrer schon, denn Cillena hatte ihn dorthin bestellen müssen. Adeline theilte dem Sclaven nun genau mit, was geschehen war, und trug ihm auf,

Alles in Bereitschaft zu halten, um sich in der kommenden Nacht nach Fort Sumter zu retten.

Dann dankte sie ihm für die Treue und Aufopferung, die er ihr so oft bewährt habe, und gab ihm schließlich eine Rolle mit Gold zum Geschenk.

Guido war außer sich, er sank vor Abelinen auf seine Kniee nieder, und küßte unter Thränen den Saum ihres Gewandes, doch sie sprach beruhigende Worte zu ihm, und sagte, daß er an Bayards Seite viel größere Dienste für sie leisten könne, als wenn er bei ihr selbst bliebe, worauf der Sclave es gelobte, über die Sicherheit des Capitains zu wachen, und sein Leben mit dem seinigen zu schützen.

Diesen Brief sollst Du Herrn Bayard überbringen, hub Abeline wieder an, indem sie auf den Tisch zeigte, wo das Schreiben lag.

Können Sie denselben nicht in Etwas einschlagen, damit er im Nothfall nicht vom Wasser beschädigt wird; wer weiß, was auf der Fahrt geschehen könnte — man wird nach dem Verfall von Gestern sehr aufpassen, antwortete Guido.

Ich habe ein Glas mit großem Stopfen in meiner Toilette, in welchem ich den Brief unterbringen kann, sagte Adeline, nahm schnell das Glas, steckte den Brief hinein, und nachdem sie es fest verstopft hatte, reichte sie es dem Sclaven mit den Worten hin:

So, Guido, nimm es gleich zu Dir, und sollte ich Dich heute nicht mehr allein sprechen können, so sehe ich Dich doch, wenn die Dunkelheit hereingebrochen ist, abfahren. Nun mache Alles bereit.

Damit drückte sie dem Sclaven noch einmal die Hand, und entließ ihn.

Die Zeit zum Mittagsessen war gekommen, man hatte sich unter der Veranda versammelt, und wartete auf die Rückkehr des alten Artega's, welcher früh Morgens in die Stadt gegangen war. Auch Capitain Stauton hatte sich wie gewöhnlich eingefunden, und Adeline befand sich gleichfalls unter den Harrenden.

Da zeigte ein Diener an, daß der Herr soeben angekommen sei, und Alle begaben sich in den Speise-saal, wo sie sich um die Tafel reiheten, als Don Artega hereintrat.

Er hatte die Gesellschaft höflich begrüßt, und an der Tafel Platz genommen, als er mit Entrüstung sagte:

Gestern Abend ist ein Mann, man sagt, ein Officier, aus Fort Sumter nach dem Ashleyflusse gefahren, und auf seinem Rückwege hat er einen Be-gleiter in einem zweiten Nachen bei sich gehabt. Zwei große bemannte Wachtboote lauerten ihm auf, und man wollte ihn gefangen nehmen, doch die beiden Schurken waren mit Schrotflinten bewaffnet, und haben durch ihr Feuer beinahe die ganze Mannschaft verwundet. Sie sind glücklich entkommen. Das ist denn doch eine unerhörte Frechheit! Mit wem mag der Mensch wohl hier am Ashleyflusse in Verbindung stehen?

Niemand gab Antwort, Aller Augen richteten

sich auf Adeline, und diese entfärbte sich und wurde bleich wie der Tod.

Es war ihr in dem Augenblick, als sinke der Boden unter ihr weg, da durchzuckte sie der Gedanke, daß sie ihr Geheimniß verrathe, und daß sie das Leben des treuen Guido's auf's Spiel setze, sie raffte ihre ganze Willenskraft zusammen, hob ihr Haupt empor, und begegnete nun entschlossen und ohne Wanken den Blicken, die auf sie gerichtet waren.

Eine nichtswürdige Ruchlosigkeit war es von diesen Menschen, so viele Leute zu verwunden, fuhr Don Artega in seiner Entrüstung fort, die ganze Stadt ist in Aufruhr darüber, und wenn alle Batterien schon bemannt wären, so würde man Morgen die Beschießung des Fortes beginnen.

Ich möchte das Wagniß dieses Officiers, allein sich durch alle Gefahren in des Feindes Land zu begeben, eine Heldenthat nennen, nahm Adeline jetzt entschlossen und unbefangen das Wort, und was die

Verwundungen anbetrifft, so geschahen sie in der Vertheidigung des eigenen Lebens.

Hat Süd-Carolina nicht der Union den Krieg erklärt, wurde jener brave Officier nicht von seinen Feinden angegriffen, und hatten diese etwa ein größeres Recht, ihn niederzuschießen als er sie?

Ich wollte, ich könnte ihm das Recht klar machen, es sollte mit einem Strick zwischen Himmel und Erde geschehen, versetzte Don Artega zornig.

Und wenn ich die Macht dazu hätte, antwortete Adeline mit erzwungen scherzendem Tone, so sollte es mit einem Lorbeerkranze sein. Feind, oder Freund, den Muth und die Diensttreue muß ein jeder Edeldenkende ehrend anerkennen.

Alle schauten Adelinen überrascht und verwundert an, auch Don Artega fehlten für den Augenblick die Worte, er biß seine Lippen aufeinander, und sagte dann, augenscheinlich seinen Zorn bekämpfend:

Solche Sympathien für die Feinde des Vaterlandes führen leicht zu Hochverrath; nimm Dich in Acht, Adeline!

Adeline schwieg, aber nicht mit banger Demüthigung, sondern mit stolzem Selbstbewußtsein, und begegnete ruhigen Blickes den Augen der Andern, die sich in der eintretenden Pause mit so verschiedenem Ausdruck auf sie richteten.

Obgleich des Vorfalles nicht wieder erwähnt und der Unterhaltung andere Richtungen gegeben wurden, so sah man es Allen doch an, daß ihre Gedanken damit beschäftigt blieben und daß Allen das Ende des Mahles willkommen war.

Capitain Staunton verabschiedete sich mit dem Versprechen, zum Abendessen sich wieder einzufinden, und José Artega begleitete ihn zur Stadt, aber auch dessen Vater, sowie der alte Ramière begaben sich nach gehaltener Siesta dorthin, um Näheres über die verwegene That des Officiers aus Fort Sumter zu hören.

Rastlos verbrachte Adeline den Nachmittag auf

ihrem Zimmer, die Sorge um das Schickſal des Sclaven ließ ihr keine Ruhe.

Vielleicht, dachte ſie, würde es beſſer geweſen ſein, erſt einige Zeit verſtreichen zu laſſen, ehe er es wagte, nach Fort Sumter zu fahren, wer aber konnte ihr die Sicherheit geben, daß er von den Feinden nicht erkannt war, und daß man in der Stadt nicht auf die Vermuthung kommen würde, er ſei es ge- weſen, der den Officier begleitet und vertheidigt habe, und geſchah dies, ſo ſtellte man ihn ſicher ſofort vor Gericht, und dann war es um ſein Leben geſchehen!

Nein, er mußte, er ſollte an dieſem Abend fort, und der Himmel würde ihm ja beiſtehen, dachte Abeline, und ſah mit Ungeduld und ſteigender Angſt dem Untergang der Sonne entgegen.

Siebenzehntes Capitel.

Der Abschied. Der Berrath. Der Angriff. Die List. Glückliche
Ankunft. Der Mordanschlag. Der tödtliche Schuß. Das
Erkennen. Entschlossenheit. Das Begräbniß.

Endlich verblich das Tageslicht, und die Dämmerung
zog schnell heran, denn der Himmel war mit Wolken
bedeckt. Die Luft war unbewegt und die See
spiegelglatt.

Adeline blickte wieder und wieder aus dem
Fenster nach Fort Sumter, mehr und mehr verschwand
dasselbe in der zunehmenden Dunkelheit, und bald
hatte sich die Nacht so finster über die Gegend gelegt,
daß Adeline keinen Baum in der Nähe des Hauses
mehr erkennen konnte.

Jetzt war es Zeit, Guido harrte ihrer sicher schon an dem Flusse, schnell warf sie ein großes, schwarzes Spitzentuch über, und glitt auf der Seiten-treppe hinab in den Garten. Vorsichtig schaute sie sich um, Alles war still und dunkel, und eilig schlich sie auf überlaubtem Wege nach der Terrasse.

Kaum hatte sie einige Schritte der Treppe zu gethan, als Guido vor sie trat, und sagte:

Ich bin bereit, Herrin, die Nacht ist günstig, man wird mich nicht sehen, und die Ruder habe ich so sorgfältig umwunden, daß auch Niemand mich hören kann.

In Gottes Namen denn, Guido, er wird Dich schützen, sagte Abeline, und reichte dem Sclaven zum Abschied die Hand, gieb Herrn Bayard meinen Brief und meine Grüße.

Der Sclave stammelte noch Worte des Dankes und unverbrüchlicher Treue hervor, drückte die Hand seiner Herrin an seine Brust, und sprang dann rasch die Treppe hinab und in den kleinen Nachen, und

Adeline sah denselben im nächsten Augenblick wie eine dunkle Masse auf dem Spiegel der Fluth lautlos dahin schwimmen.

Gott steh' ihm bei, sagte sie leise, und schaute, ihre Hände auf ihrer Brust faltend, zum Himmel empor, dann aber schlich sie sich wieder nach dem Hause zurück, um abermals von dem Dache aus die See zu überschauen, bis Guido Fort Sumter erreicht haben mußte.

Als sie nach der Seite des Hauses ging, sah sie, daß Stauton unter die hell erleuchtete Veranda trat, eilte aber von ihm unbemerkt vorüber.

Haben Sie etwas Gewisseres über Bayard gehört? fragte Olympia den Capitain, als sie ihn unter der Veranda empfing.

Es ist kein Zweifel darüber, daß er es war, und daß Guido ihn begleitete, denn die Mannschaft in den beiden Booten hat ausgesagt, daß der Begleiter des Officiers eine helle, gestreifte Jacke

5 *

und einen weißen Strohhut getragen habe, und daß er wahrscheinlich ein Farbiger gewesen sei.

Es paßt Alles genau, und ich hoffe, daß wir den Einen, oder den Andern bald auf der That ertappen, antwortete Stauton, und ließ sich neben Olympia in einen Sessel nieder.

Cato, der Bursch meines Vetters hat von demselben ja den Befehl erhalten, über Guido zu wachen und es sofort zu melden, wenn derselbe sich im Boote von hier entferne, und ich werde Adelinen auf Schritt und Tritt beobachten, versetzte Olympia, und fragte dann:

Wo haben Sie meinen Vetter José verlassen?

Er geleitete mich bis an mein Boot, welches mich nach dem Pluto führte, und sagte mir beim Abschied, er wolle sich erkundigen, welche Vorkehrungen getroffen wären, um jede fernere Verbindung zwischen Fort Sumter und dem Festlande unmöglich zu machen. Er wird wohl mit den alten Herren hierher zurückgehen.

In diesem Augenblick sah der schwarze Kopf eines Negers um den Pfeiler am Eingange der Veranda, und gleich darauf erschien der ganze Cato, der Bursche des jungen Artèga's. Er schaute sich um, ging dann auf den Fußspitzen schnell zu Olympia, und sagte leise:

Guido ist soeben nach Fort Sumter abgefahren, ich habe es mit angehört, daß Fräulein Adeline zu ihm sagte, er solle den Brief an Herrn Bayard übergeben.

Gut, Cato, antwortete Olympia mit erzwungener Ruhe, lasse es aber niemals über Deine Lippen kommen, daß Du dies von meiner Schwester gehört hast, es würde Dir das Leben kosten. Hierbei winkte sie dem Sclaven zu, sich zu entfernen, und wandte sich alsdann in größter Aufregung mit den Worten zu Stauton:

Ist nur solche Frechheit möglich? — erst Gestern den Auftritt, und schon Heute wieder es zu wagen! Wenn nur mein Vetter bald zurückkehrt — wer weiß,

Guido hat vielleicht Herrn Bayard eine Einladung für heute Nacht überbracht, und dieser kommt in Begleitung des Sclaven hierher.

Wenn mein Vetter in einer Stunde noch nicht hier ist, so müssen Sie die Wache an dem Flusse übernehmen und niederschießen, wer an der Treppe ausſteigt, sei es Guido, oder Bayard selbſt. Mein Vetter hat ja mehrere schwere Doppelflinten in seinem Zimmer ſtehen, und er ſagte mir, er hielte ſie ſtets mit ſtarkem Schrot geladen.

Wer weiß aber, ob es ihm angenehm ſein würde, wenn ich dieſelben benutzte, entgegnete Stanton zögernd, er wird ja hoffentlich bald kommen.

Ich ſelbſt werde ſie Ihnen geben, wenn er in einer Stunde noch nicht hier ſein ſollte, antwortete Olympia, einem der beiden Schurken wird es hoffentlich das Leben koſten!

———

Während dieser Zeit hatte Guido unbeläſtigt die Bay erreicht, trieb ſeinen leichten Nachen lautlos über die stille Fluth dahin, und spähete mit aller Macht durch die Dunkelheit um sich, ob er nirgendwo eine nahende Gefahr entdecken könne, doch die tiefste Ruhe lag auf der weiten Wasserfläche, und nur das leise Plätschern der durch die Ruder erzeugten Wellen rauschte unter den Seiten des Kahnes.

Da legte Guido die beiden Ruder in das Boot, warf seinen Hut dabei, fügte seine beiden Revolver hinzu, und entkleidete sich nun vollständig, worauf er den ganzen Anzug schnell in ein Bündel zusammen-band, und ihn gleichfalls vor sich niederlegte.

Um seine Brust und Schulter trug er ein breites Band, an welchem das Glas mit dem Briefe und ein Beutel mit Gold befestigt waren.

Seine braune Gestalt verschwamm mit der Finsterniß, die ihn umgab, und nur in geringer Entfernung war es möglich, seine Umrisse zu er-kennen.

Leise zog er wieder die Ruder durch das Wasser, und glitt über dessen Spiegel hin, und schon hatte er die Stadt im Rücken, als plötzlich von seiner rechten Seite her der Ruf erschallte:

Halt, oder wir schießen!

Mit einer Kraft, daß die Ruder sich bogen, riß Guido sie bei dem Rufe durch die Fluth, und fliegend schoß sein Nachen davon, doch im nächsten Augenblick krachte es von den Feinden her, und mehrere Büchsenkugeln pfiffen nahe an ihm vorüber.

Vorwärts flog jetzt der leichte Kahn, und immer schneller, immer gewaltiger riß Guido die Ruder durch das Wasser, da schrie es ihm „Halt!" entgegen, und er sah etwas links vor sich zwei Boote auf ihn einstürmen.

Er warf den Kahn herum, bog nach rechts aus, und suchte durch noch größere Anstrengung den neuen Angreifern zu entrinnen, während auch sie ihre Kugeln durch die Dunkelheit nach ihm hinfliegen ließen.

Beide Boote, und auch das erste blieben aber hinter ihm, und so sehr er sich auch anstrengte, um die Entfernung von ihnen zu vergrößern, so sah er doch bald ein, daß es unmöglich war, und daß sie ihm näher kamen.

Er hielt seinen Blick nach ihnen hin gerichtet, noch aber konnte er sie kaum wie einen Schatten erkennen, doch vor ihm stieg Fort Sumter über der See empor. Er bemaß es deutlich, daß, ehe er dasselbe erreichen konnte, seine Verfolger ihn eingeholt haben würden; wieder blitzte es und wieder zischten die Kugeln der Feinde an ihm vorüber, noch einen gewaltigen Ruderschlag, daß der Kahn zu fliegen schien, dann erfaßte Guido das Bündel mit Kleidern, warf sich über Bord in das Meer hinein, und schwamm unter Wasser zur Seite davon.

Der Athem ging ihm aus, er mußte wieder Luft schöpfen, und hob sich leise auf die Oberfläche, so daß er nur mit dem Mund aus ihr hervorragte.

Da schallte das Gelächter seiner Verfolger zu ihm herüber, und einer derselben rief:

Es war mein Schuß, der ihn getroffen und über Bord geworfen hat, Schade, daß wir ihn nicht lebendig nach der Stadt bringen konnten; das wäre Morgen ein Fest geworden.

Sieh, zwei Revolver und ein Strohhut liegen im Boote, rief ein Anderer jubelnd aus, die hat er in seiner Eile vergessen, mitzunehmen.

Einen der Revolver muß ich für meinen Schuß haben! rief die erste Stimme wieder, während Guido sich still und ruhig mit dem Munde über Wasser erhielt.

Das Boot kommt mir vor, als wenn es mein eignes Boot wäre, hub jetzt eine tiefe Baßstimme an, in welcher der Mulatte die Stimme des jungen Artéga's erkannte.

Wahrhaftig, es ist mein Boot und es sind meine Ruder, fuhr dieselbe Stimme fort, und Guido sah nun die schlanke Gestalt Artéga's gegen den Licht-schimmer der Stadt in dem Nachen stehen. Das muß der Schurke ohne Erlaubniß geborgt haben, und wahrscheinlich hätte ich es nie wiedergesehen, fuhr Artéga fort, und setzte sich in dem Kahne nieder.

Wir können jetzt getrost nach der Stadt zurückkehren, in dieser Nacht wird keine Botschaft mehr getragen werden, sagte eine Stimme aus den größern Schiffen.

Nun, gute Nacht denn, gute Nacht! schallte es herüber und hinüber, die Ruder erklangen, und die Boote glitten davon.

Kaum hatte sie die Finsterniß dem Blicke Guido's entzogen, als derselbe mit dem Bündel Kleidungsstücken zwischen den Zähnen ausgriff, mit langen starken Zügen die Fluth theilte, und Fort Sumter zuschwamm.

Näher und näher kam er der Treppe vor dem Eingange, und als er sie bis auf kurze Entfernung erreicht hatte, erkannte er außer dem dort stehenden Wachtposten noch einen zweiten Mann.

Wer kommt da — bist Du es, Guido? rief ihm

Bayard jetzt zu, und sprang die Stufen hinab bis
an das Wasser.

Ja, Herr, antwortete der Sclave, und im nächsten
Augenblick reichte ihm Bayard die Hand, und half
ihm auf die Treppe hinauf.

Gottlob — so bist Du mit dem Leben davon-
gekommen, sagte der Capitain freudig zu ihm, Du
hast Dich wieder durchschlagen müssen. Komm herein,
nun bist Du sicher.

Ich habe in diesem Glase einen Brief für Sie,
Herr, antwortete Guido.

Komm, komm schnell mit mir, damit ich Dir
Kleidung gebe. Dann will ich sogleich einige Raketen
aufsteigen lassen, um Deiner Herrin zu sagen, daß
Du glücklich hier angelangt bist, fuhr Bayard fort,
und eilte mit dem Sclaven in das Fort hinein.

———————

Dem Himmel sei Dank! sagte Adeline kurze
Zeit nachher, als sie vom Dache des Hauses die

Racketen über Fort Sumter aufsteigen sah. Er ist gerettet, ist in Sicherheit! fuhr sie fort, und preßte beide Hände gefaltet gegen ihre Brust.

Dann schlich sie von Freude durchbebt hinab in ihr Zimmer, wo die treue Cillena ihrer harrte.

Gott ist ihm gnädig gewesen, er ist glücklich in Fort Sumter angekommen, sagte sie zu der Sclavin, und sprach ihre Freude aus, daß sie Guido nun Morgen früh sicher in dem Fort erblicken werde.

***

Wer weiß, ob mein Vetter schon bald hier sein wird, sagte Olympia zu Capitain Stauton, die Zeit naht, wo der Mulatte zurückkommen kann, ich will Ihnen die Flinte geben. Kommen Sie, gehen Sie mit mir nach José's Zimmer, und so eilte sie mit ihm in das Haus.

Dort stehen sie, sagte sie, als sie zusammen in die Stube des Vetters traten, und leuchtete mit dem Licht nach der Ecke, wo mehrere Gewehre standen.

Wir sollten noch ein wenig warten, er muß ja gleich kommen, verſetzte Stauton.

Sie zögern, Capitain, fuhr die Creolin mit auffflammenden Augen fort, worauf dieſer nach den Gewehren ſchritt, und eines derſelben ergriff.

Ich will die größte nehmen, es iſt eine Entenflinte, und ſie iſt ſicher mit ſtarkem Schrot geladen, ſagte er, das Gewehr in der Hand wiegend, und hob deſſen Hähne auf, um ſich zu überzeugen, daß es mit Zündhütchen verſehen ſei. Das iſt die rechte Waffe, um in der Dunkelheit zu ſchießen, trifft das eine Blei nicht, ſo trifft das andere, fuhr er fort.

Nur Eines verſprechen Sie mir, Stauton, nahm Olympia wieder das Wort, wenn zwei Männer im Boote ankommen, ſo ſchießen Sie zuerſt auf Bayard, dann wird Adeline von ihrer Leidenſchaft geheilt, und ſie hört auf, Verbündete der Nordländer zu ſein. Verſprechen Sie es mir?

Sicher thue ich es, wenn es die Dunkelheit erlaubt, ihn zu erkennen, jedenfalls aber werde ich Beide niederschießen, dann gehen wir nicht fehl, entgegnete Stanton jetzt entschlossen, und verließ nun mit seiner schönen Gefährtin das Zimmer.

Ich will Ihnen Gesellschaft leisten, Sie möchten weichherzig werden, sagte Olympia, als sie in dem Corridor hinschritten, warten Sie einen Augenblick, damit ich einen schwarzen Schwal umhänge, die Farbe meines Kleides ist nicht dunkel genug.

Damit trat sie in eine Stube ein, und kehrte sofort in ein schwarzes Tuch gehüllt zu dem Capitain zurück.

Eilig schritten sie nun in den Garten hinaus und nach der Treppe am Flusse, wo Stanton sich einige Augenblicke umschaute, und dann sagte:

Dort an dem Baume hinter den Büschen wird der beste Platz sein.

Ist das nicht zu weit? fragte Olympia.

Nicht dreißig Schritte — genau die rechte Ent-

fernung, um Beide mit einem Schusse zu tödten, versetzte Stauton.

Es ist aber zu dunkel, um zu sehen, welcher von
Beiden Bayard ist, hub Olympia wieder an.

Er ist einer von den Beiden, und das ist genug,
antwortete Stauton.

So wollen wir uns schnell hinter dem Baume
verbergen, wer weiß, ob nicht Abeline kommt, um den
geliebten Nordländer zu bewillkommnen, flüsterte
Olympia, schlang ihren Arm in den des Capitains,
und ging mit ihm unter die alte Lebenseiche, dereu
gewaltige Aeste bis über den Fluß hinausragten.

Werden Sie sich nicht vor dem Schuß erschrecken?
fragte Stauton, indem er das Gewehr an den Baum-
stamm stellte.

Vor einem Schuß nach einem Nordländer? O
nein, Du schöner Mann, antwortete Olympia mit
schmeichelnder, süßer Stimme, viel leichter könnte ich
mich fürchten, mit Dir hier allein zu sein, und bei

diesen Worten schmiegte sie sich, zu Stauton aufblickend, an seine Brust.

Meine Olympia, meine angebetete Olympia, wann, wann willst Du mein werden? O, foltere mich nicht länger, halte mich nicht länger in dieser Ungewißheit, flüsterte der Capitain in Leidenschaft aufflammend, preßte die schöne Creolin an sein Herz, und senkte seine Lippen in glühendem Kusse auf ihren Mund.

Bald, bald, Geliebter, sobald die Palmettoflagge frei und ungefährdet über Carolina weht, antwortete Olympia, schmiegte sich liebkosend in den Arm des liebeglühenden Mannes, und gab ihm die Küsse zurück die er ihren Lippen aufdrückte.

Sie waren verstummt, und Stauton hatte die Flinte neben sich vergessen; als Olympia sich plötzlich seiner Umarmung entwand, und flüsternd sagte:

Ich höre Ruderschläge!

Dann lauschte sie wieder einige Augenblicke, und fuhr mit heftiger, doch ebenso leiser Stimme fort:

Sie kommen — jetzt gilt es, Stauton, zeige, daß Du ein Südländer, und daß Du der Liebe Deiner Olympia werth bist.

Rasch hatte der Capitain das Gewehr ergriffen, näher und näher kamen die Ruderschläge, und nach wenigen Augenblicken wurde die dunkle Form des Bootes auf dem Wasser sichtbar.

Sie sind es — schieße nicht fehl, flüsterte Olympia dem Capitain zu, da landete der Kahn an der Treppe, es bewegte sich in demselben, Stauton hob das Gewehr an die Schulter, mit einem Donnerkrach fuhr das Feuer heraus, und ein Todesschrei ertönte in dem Boote.

Dann war Alles still, und Stauton und Olympia standen regungslos hinter dem Baume.

Sie sind todt, sagte sie plötzlich mit tiefer, tonloser Stimme, kommen Sie, Capitain, und sehen Sie nach, ob sie auch Beide todt sind.

Dabei trat sie entschlossen hinter dem Baum

hervor, und Stauton folgte ihr schweigend nach der Treppe.

Gehen Sie doch hinunter, und überzeugen Sie sich, daß in Beiden kein Leben mehr ist, und dann wollen wir nach dem Hause eilen und meinen Vetter erwarten, er mag sie in den Fluß versenken lassen, hub Olympia abermals an, als Stauton auf der Höhe der Treppe zögernd bei ihr stehen blieb, worauf dieser die Stufen hinab bis an den Kahn schritt, und sich zu demselben niederbeugte.

Es ist nur Einer, sagte er, doch erstarb das letzte Wort auf seinen Lippen, dann schrie er mit durch Mark und Bein dringendem Tone:

Himmel — es ist José!

Alle Heiligen! stieß Olympia mit einem Schrei des Entsetzens aus, und sprang die Treppe hinab, schnell, schnell, heben Sie ihn aus dem Schiff, schnell, vielleicht ist noch Rettung möglich!

Dabei erfaßte sie den Rockkragen ihres Vetters, und Stauton wollte ihn aus dem Nachen auf die

6*

Treppenstufe heben, ließ ihn aber wieder in den Nachen sinken, denn José Artega's Haupt und seine Arme hingen leblos herab, er war eine Leiche.

Was thun wir, Stauton, sagte Olympia mit angsterfüllter Stimme, rathen Sie, stehen Sie nicht so unentschlossen da, — wir müssen handeln, sein Tod darf noch nicht bekannt werden.

Es ist unmöglich, ihn zu verheimlichen, antwortete der Capitain mit heiserem Tone.

Er muß fort von hier, schnell, lösen Sie die Kette des Nachens, und kommen Sie in das andere Boot, wir fahren ihn den Fluß hinab, versetzte Olympia jetzt mit Entschlossenheit, und trat in das nächste Schiff, dann folgte ihr Stauton mit der Kette des Nachens, in welchem der Todte lag. Olympia stieß das Schiff in die Strömung hinaus, und von dem Kahne mit der Leiche gefolgt, zogen die Beiden auf dem Fluß hinab.

Wohin sollen wir ihn bringen? fragte Stauton rathlos.

Nicht weit, rudern Sie unſer Boot, antwortete
Olympia gefaßt, indem ſie ihm die Kette des
Nachens aus der Hand nahm, und Stauton legte
die Ruder ein, und trieb das Schiff ſchneller vorwärts.

So hatten ſie eine Weile geſchifft und waren
in die Mitte des meilenbreiten Fluſſes gelangt, als
Olympia ſagte:

Nun werfen Sie ihn über Bord, und dann
laſſen wir den Kahn in die Bay hinaustreiben,
ſo wird man glauben, er ſei von den Feinden in
Fort Sumter ermordet worden.

Stauton hatte ſich auch wieder ermannt, das
iſt ein guter Gedanke, bemerkte er, brachte den
Kahn dicht an die Seite des Bootes, zog Joſé Artega
über Bord, und ließ ihn zwiſchen den beiden Schiffen
in den Fluß ſinken.

Zugleich warf Olympia mit den Worten die
Kette in das Waſſer:

Nun rudern Sie zurück, damit unſere Abweſenheit nicht auffällt, und schweigend wandten sie sich von dem Fleck ab, wo die Fluth den Todten ver- schlungen hatte.

Es ist ein großes Unglück für meinen Onkel, doch wer kann für Schicksal, hub Olympia nach einer langen Pause an, seien Sie nur fest, Capitain, damit Sie sich nicht verrathen, geschehene Dinge sind nun einmal nicht ungeschehen zu machen.

Hätten wir nur seine Rückkehr abgewartet, wie ich es wollte, versetzte Stauton, Sie aber bestanden darauf.

Weder ich, noch Sie tragen eine Schuld dabei, es war ein Unglück, entgegnete Olympia, und fuhr nach kurzer Pause fort: Lassen Sie es uns nur nicht noch dadurch vergrößern, daß wir es bekannt werden lassen, wie es geschehen ist.

Dann versanken Beide wieder in ihr früheres Schweigen, und erreichten bald darauf die Treppe.

Dort am Baume liegt das Gewehr noch, werfen Sie es in den Fluß, damit wir es nicht in das Haus zu tragen brauchen, man könnte uns damit sehen, bemerkte Olympia, als sie und Stauton die Stufen erstiegen hatten, worauf dieser nach der Eiche ging, die Mordwaffe ergriff, und sie weit in das Wasser hinausschleuderte.

Achtzehntes Kapitel.

Die blutige Hand. Das Gewissen. Beruhigende Erklärung. Wachsende Besorgniß. Verzweiflung. Sichere Todesanzeigen.

Als der Capitain mit Olympia wieder unter die Veranda trat, fanden sie die Frauen Artega und Ramière dort zusammen sitzen, und sich in ihren Schaukelstühlen wiegen.

Wo bleiben die Männer? hub Madame Artega an, es ist gleich zehn Uhr, ich denke, wir begeben uns zum Abendessen, die Herren werden wohl in der Stadt gespeist haben.

Wir können ja noch ein wenig warten, wenn Ihr Appetit sich noch geduldigen will, Capitain, antwortete Olympia mit einer Wendung zu Stauton, und zeigte zugleich nach einem Sessel neben dem, in welchem sie selbst sich niederließ.

Ich werde diesmal wohl nicht von Ihrer gütigen Einladung zum Essen Gebrauch machen können, da man mich um zehn Uhr an Bord des Pluto's erwartet, versetzte Stauton, indem er Platz nahm.

Nun, noch einen Augenblick, die Herren müssen ja sogleich hier sein, fuhr Olympia mit einem Tone fort, in welchem man erkannte, daß ihr Stautons Bleiben nicht sehr wünschenswerth war.

Mein Gott, Olympia, Du hast ja Blut an Deiner Hand, sagte Madame Artega, auf die Rechte der Creolin zeigend, wobei diese zusammenfuhr, ihre Hand schloß, und ihren erschreckten Blick auf dieselbe heftete.

Ich hatte etwas Nasenbluten, Tante, antwortete sie jedoch rasch, und sprang auf, um in das Haus zu gehen, als Stauton sich zugleich erhob, seine Rechte in seinem Rock verbarg, und mit einer Verbeugung zu Olympia sagte:

So will ich mich Ihnen gehorsamst empfehlen, Fräulein, ich darf doch nicht länger säumen.

Nun denn, bis Morgen, Cápitain, antwortete Olympia, reichte ihm die blutige Hand zum Abschied, und eilte in das Haus.

Stauton beurlaubte sich nun auch bei den beiden alten Damen, und machte sich auf den Weg, nach der Stadt, schlug aber einen andern ein, als den, auf welchem Artega und Ramière zurückkommen würden.

Olympia hatte sich wieder unter der Veranda eingefunden, als ihr Vater und ihr Onkel zurückkehrten.

Ihr seid ja lange ausgeblieben, sagte Madame Artega zu ihnen, wir wollten eben nach dem Speisesaal gehen; habt Ihr schon gegessen?

Noch nicht, und wir haben Beide tüchtigen Appetit mitgebracht, so kommt, es thut mir leid, daß wir Euch so lange haben warten lassen, antwortete Artega, und fügte noch hinzu: Ist José noch nicht hier?

Nein, wir glaubten, er würde mit Euch zurückkehren, erwiederte Madame Artega, und so erreichten sie den Speisesaal, in welchen auch Adeline eintrat, und reihten sich um die Tafel.

Nun, José wird gleich kommen, fuhr Artega fort, indem er sich niedersetzte, er hatte mit einigen Bekannten die zwei bemannten Wachtboote in einem Kahne in die Bay hinausbegleitet, und, denkt Euch, kaum sind sie zwischen Fort Sumter und dem Ashley-flusse angekommen, als ein Nachen aus demselben heran gerudert wird.

Sie rufen den Mann an, er aber flieht vor ihnen, sie verfolgen ihn und schießen nach ihm, er aber eilt Fort Sumter zu, bis ihn endlich eine Kugel trifft, und er über Bord in die See stürzt.

Das ist ja eine unerhörte Frechheit, mit

wem mögen sie wohl in Correspondenz stehen? versetzte Madame Artega entrüstet.

Ja, aber höre nur weiter, fuhr Artega heftig fort, als sie den Nachen erreichen, erkennt José denselben als einen des unsrigen, den der Schurke hier von unsrer Treppe am Fluß gestohlen hat, um eine Botschaft nach Sumter zu bringen; das ist denn doch mehr, wie frech.

Unerhört, sagte Madame Artega.

Die Freunde José's haben es uns erzählt, denn . wir warteten auf seine Rückkehr nach der Stadt, um mit ihm herauszugehen.

Er hatte aber unsern Nachen bestiegen, und ist in ihm direct hierher gefahren, versetzte Artega, es wundert mich, daß er nicht schon hier ist, denn er konnte unsere Treppe ebenso schnell erreichen, wie seine Freunde die Stadt.

Adeline sagte kein Wort, mit ihrer Seele aber dankte sie dem Himmel für die Rettung des treuen Dieners, denn daß er glücklich im Fort

angekommen war, hatten ihr ja die Racketen verkündet.

Er war sicher nicht in die See gefallen, sondern
hinein gesprungen, um seine Feinde zu täuschen,
einen besseren Schwimmer, als er, gab es ja
nicht.

Jetzt war es ihr ganz einerlei, ob man auf sie
den Verdacht werfen würde, daß sie ihn nach Sumter
gesandt habe; im Nothfalle wollte sie gar kein Geheimniß daraus machen, daß sie mit ihrem Bräutigam
correspondirte, das waren ihre Privatangelegenheiten,
in welche Niemand sich zu mischen hatte.

Sie hörte die Erzählung mit innerem Triumpf
an, wenn sie es auf ihrem Aeußern auch nicht ver-
rieth, daß sie ein Interesse daran nahm.

Olympia aber schwieg auch und war ungewöhnlich bleich, ihre Augen funkelten nicht, wie sie
es sonst bei jeder Anregung einer politischen Frage
thaten, und obgleich sie Antheil an der Unterhaltung
zu nehmen sich bemühte, so konnte sie doch weder das

paſſende Wort finden, noch den paſſenden Ausdruck auf ihre Züge bringen. Es fiel auch ihrem Onkel auf, und er wandte ſich ſcherzend an ſie, und ſagte:

Aber was fehlt denn unſerer Olympia, unſerer Heldin — iſt es der Held, der ihr fehlt? worauf ſie mit erzwungenem Lächeln antwortete:

Ja, es iſt auch unverzeihlich von dem Ritter, ſeine Dame ſo zu verlaſſen.

Du biſt wirklich auffallend bleich, Olympia, vielleicht kommt es von Deinem Naſenbluten, nahm ihre Mutter das Wort, und fügte beſorgten Tones noch hinzu: Du mußt Dich früh zur Ruhe begeben, ein geſegneter Schlaf wird Dir gut thun.

Ich denke auch, es wird mir helfen, denn ich fühle mich müde und habe etwas Kopfweh, wenn Ihr mich entſchuldigen wollt, ſo werde ich ſogleich nach meinem Zimmer gehen, antwortete Olympia, und erhob ſich von ihrem Seſſel.

O, nur noch einige Augenblicke bleibe, bis Joſé

zurückkommt, er kann uns die Begebenheit von heute
Abend genau erzählen, es wird Dich interessiren, sagte
Artega, und winkte Olympia zu, sich wieder hinzu-
setzen, doch sie schützte Kopfweh vor, wünschte gute
Nacht, und verließ den Saal.

Ich begreife es nicht, wo José bleibt, er müßte
ja lange schon hier sein, wenn er sich nicht unterwegs
aufgehalten hat, und das ist ja nicht denklich, hub
Artega an, als Olympia den Saal verlassen hatte.

Wir wollen hier sitzen bleiben, bis er kommt,
bemerkte Madame Artega, er hat noch nicht zu
Abend gespeist, und allein thut er es nicht gern.

Doch die prächtige bronzene Uhr unter dem
hohen Wandspiegel schlug eilf, und noch war der erwartete Sohn nicht erschienen.

Cato, nimm eine Laterne und geh hinunter nach
dem Flusse, sagte Artega jetzt zu dem Diener seines
Sohnes, der mit bei Tisch aufwartete, sieh nach, ob
der Nachen dort etwa liegt, worauf der Sclave schnell
den Saal verließ.

Es ist ja möglich, daß José angekommen und gleich nach einem unserer Nachbarn gegangen wäre, fuhr Artega fort, anders kann ich mir sein Ausbleiben nicht erklären.

Cato aber kam bald zurück, und meldete, daß der Kahn nicht vor der Treppe liege.

Das macht mich wirklich besorgt, hub Artega wieder an, und stand von seinem Stuhle auf; sollte José vielleicht sich unterwegs noch anders besonnen haben, und doch nach der Stadt gefahren sein?

Ganz gewiß, versetzte Ramière, er hat sicher noch irgend Jemanden sprechen wollen, es ist gar kein Zweifel darüber, was könnte ihn sonst zurück-gehalten haben.

Ich glaube auch, daß es so ist, bemerkte Artega jetzt beruhigt, dann brauchen wir aber nicht auf ihn zu warten, denn wenn er in lustige Gesellschaft kommt, so ist er sicher der Letzte, der sie verläßt. Dann bleibt er in der Stadt, und kehrt vielleicht erst Morgen Abend hierher zurück. Wer weiß, viel-

leicht schläft er auch bei Stauton an Bord des
Pluto.

Ach ja, nun durchschaue ich die ganze Sache,
fiel jetzt Madame Artega lachend ein, er und Capitain
Stauton haben sich verabredet, einen vergnügten Abend
zu halten, darum konnte dieser nicht zum Essen bei
uns bleiben und mußte um zehn Uhr auf dem Pluto
sein. Es sind mir ein Paar lustige Vögel, und sie
wollen es uns doch nicht merken lassen; daß aber
Stauton um das Ausbleiben José's wußte, habe ich
ihm recht gut angesehen. Und dieserhalb war auch
Olympia so verstimmt.

Nun, dafür sind sie jung, bemerkte Ramière,
haben wir es unserer Zeit doch nicht besser
gemacht.

Und ich gönne es ihm von Herzen, wenn er
seine jungen Jahre genießt, fiel Artega ein, mag er
sich heute Nacht recht gut amüsiren!

Bald darauf erloschen alle Lichter im Hause,

nur die Fenster von Olympia's Zimmer blieben bis spät in die Nacht hell.

Adeline schlief sanft und ruhig, und kaum hatte der neue Tag sein Licht über die Erde ausgebreitet, als sie erfrischt und heiter sich von ihrem Lager erhob, und sich beeilte, auf das Dach des Hauses zu kommen, um ihre Morgengrüße nach Fort Sumter hinüber zu senden.

Und wie sie es gehofft hatte, so geschah es, denn kaum hatte sie den Geliebten begrüßt und seine Grüße empfangen, als er Guido in die Kanonenöffnung der Mauer treten ließ, um sich seiner Herrin sehen zu lassen, und ihr seinen Dank durch Zeichen auszudrücken.

Olympia aber lag noch zwischen Schlafen und Wachen, sie wollte die Augen nicht öffnen und suchte den Schlaf noch festzuhalten, dieser aber floh von ihr und die blutige Gestalt des Vetters trat ihr immer lebendiger vor die Seele.

Da schoß sie von ihrem Lager auf, und ihr

erſter Blick fiel auf ihre Hand, von welcher
ſie am Abend vorher die Blutflecken abgewaſchen
hatte.

Sie hatte nur ſehr wenig geſchlafen, und obgleich
aufgeregt, fühlte ſie ſich matt und müde. Sie ſah in
den Spiegel, und bemerkte, daß ſie ungewöhnlich blaß
war, und als ſie zu lächeln verſuchte, kam es ihr
vor, als ob ſie ſich angrinſe.

Sie verwandte heute beſondere Aufmerkſamkeit
auf ihre Toilette, ihre Sclavin mußte ihr eine
Granatblüthe in das Haar ſtecken, und als die
Dienerin ſie verlaſſen hatte, gab ſie ihren Wangen
durch Schminke einen leichten Anflug von Roth.

Auf dem Wege zum Frühſtück von ihrem Zimmer
nach dem Speiſeſaale war es ihr mehrere Male, als
bliebe ihr der Athem ſtehen, und beim Eintreten in
das Zimmer, als ihr Blick auf ihren Onkel und
ihre Tante fiel, ſtockte wiederholt der Schlag ihres
Herzens.

Dennoch trat ſie mit einem heitern Gruß zu

7 *

denselben hin, drückte ihnen die Hand, und fragte, ob sie gut geschlafen hätten.

Auch Du scheinst gut geruht zu haben, denn Du hast wieder Farbe, gestern Abend saheft Du sehr bleich aus, entgegnete Madame Artega freundlich.

Ganz vortrefflich habe ich geschlafen, die Hitze während des Tages hatte mich angegriffen, erwiederte Olympia mit vergnügtem Tone, und ging nach ihrem Stuhle am Frühstückstische.

Wie ich es mir dachte, so ist es gekommen, Herr José ist ausgeblieben, er mag wohl erst gegen Morgen zu Bett gegangen sein, hub Artega fröhlich an, ich muß mich ohne dies nach der Stadt begeben, und da bin ich doch neugierig zu hören, wo die jungen Herren geschwärmt haben.

Das werden sie Dir nicht erzählen, fiel Olympia scherzend ein, man erfährt ihre Abentheuer immer erst durch die dritte Hand.

So sehr Artega sich aber auch durch die ange-nommene Erklärung über das Ausbleiben seines

Sohnes beruhigt hatte, so trieb ihn doch die Möglich-
keit, daß es anders sei, gleich nach dem Frühstück
in die Stadt, um Gewißheit darüber zu erhalten.

Er begab sich geraden Wegs in das Gasthaus,
in welchem sein Sohn bei solchen Gelegenheiten ein-
zukehren pflegte. Dort aber war José Artega nicht
gesehen worden.

Mit größerer Eile ging der alte Herr nun nach
dem Werfte, und ließ sich in einem Boot nach dem
Pluto übersetzen. Capitain Stauton war kurz vorher an das Land gefahren, und man sagte Artega,
daß derselbe die Nacht an Bord zugebracht habe, daß
aber Herr José Artega nicht bei ihm gewesen sei.

Diese Nachricht versetzte den Alten in große
Unruhe, er eilte nach der Stadt zurück, und suchte
nun einen von den Freunden seines Sohnes, einen
Herrn Gilmore auf, mit welchem derselbe am Abend
vorher in die Bay hinausgefahren war.

Auch dieser Mann hatte nichts weiter von
José gehört, oder gesehen, nachdem er von ihm auf

dem Waſſer Abſchied genommen und derſelbe in ſeinem eigenen Kahne nach dem Aſhleyfluſſe zurückgerudert war.

Die Angſt des alten Artega's ſteigerte ſich jetzt auf das Höchſte, er lief zu noch mehreren Freunden ſeines Sohnes, er eilte von einem Gaſthof zum andern, erkundigte ſich in den Reſtaurationen, in den Kaffeehäuſern nach ihm, doch nirgends konnte man über Joſé Auskunft geben.

Von Verzweiflung erfaßt, fragte er jetzt in den Straßen nach Capitain Stauton, und fand denſelben erſt nach geraumer Zeit in einem Trinkhaus.

Stauton erbebte, als er Don Artega eintreten ſah, leerte ſchnell ſein Glas, und reichte ihm dann die Hand zum Gruß.

Haben Sie meinen Sohn nicht geſehen, Capitain? fragte der Alte angſterfüllt.

Ihren Sohn? Nein, er war nicht bei mir, antwortete Stauton ſich ermannend.

Um des Himmels Willen, ſo iſt ihm ein

Unglück zugestoßen! rief Artega voll Verzweiflung, er ist gestern Abend nicht nach Hause gekommen, und nirgends in der Stadt will man ihn gesehen haben.

Darauf erzählte er Stauton mit bebender Stimme, was sich am Abend vorher zugetragen hatte, und während der Capitain ihm zuhörte, leerte derselbe noch ein großes Glas mit Branntwein.

Das ist ja räthselhaft, sagte er, nachdem Artega nun seine Mittheilung beendet hatte und in verzweifelnde Klagen ausbrach, man muß es in der Stadt bekannt machen, und auch in die Zeitung einrücken lassen, wer weiß, ob nicht die Schurken in Fort Sumter etwas gegen ihn ausgeführt haben.

Ja, ja, versetzte Artega haftig, er ist ja allein nach dem Ashleyflusse gerudert, und vielleicht ist er mit einem Boten aus dem Fort zusammengetroffen.

Ich werde es an dem Werft den Schiffern mittheilen, und eine Belohnung aussetzen für den, welcher Nachricht über José bringt, sagte Stauton, indem er seine Mütze ergriff.

Und dann kommen Sie zu uns hinaus, wir erwarten Sie, lieber Capitain, entgegnete Artega in seiner Noth, und eilte von Angst getrieben davon, um noch weitere Erkundigungen einzuziehen und Boter zu Wasser und zu Lande auszusenden, damit sie nach seinem Sohne suchen sollten.

Die Kunde, daß José Artega vermißt werde, ging wie ein Lauffeuer durch die Stadt, und mit ihr die Vermuthung, daß er von den Nordländern im Fort umgebracht worden sei, doch die Aufregung darüber erreichte erst ihren Höhepunkt, als man Nachmittags den mit Blut besprißten Nachen nach der Stadt brachte, welcher mit dem Namen Artega versehen war. Man hatte denselben an dem Ufer des Ashleyflusses gefunden.

Gilmore, der Freund des Gemordeten, ließ den Kahn sofort nach Artega's Besißung bringen, und begab sich dann selbst dahin, um seine Vermuthungen

und Ansichten über die traurige Begebenheit auszusprechen, und zur Entdeckung der ruchlosen That seine
Dienste anzubieten.

Er fand die Familie seines unglücklichen Freundes
in der schrecklichsten Verzweiflung, denn der blutige
Nachen hatte die Gewißheit über das Schicksal des
geliebten einzigen Kindes gebracht. Der Gedanke
allein, Rache an den Mördern seines Sohnes zu
nehmen, vermochte Don Artega den jungen Freund
desselben zu empfangen, und mit ihm das Schreckens-
ereigniß zu bereden. Auch Capitain Stauton war
herzugetreten, als Gilmore sagte:

Ich würde mich noch der Hoffnung hingeben,
daß das Blut in dem Nachen von dem Manne her-
rühre, welchen die Mannschaft der Wachtboote erschossen hat; dieselbe hatte aber nur Kugeln geladen,
und in dem Boote befinden sich die frischen Merkmale
von Schrotschüssen. Auch sind dieselben nicht auf
dem Wasser nach dem Nachen abgefeuert worden,
sondern von einem hohen Ufer herab, denn die

Spuren der Schrote zeigen an den Wänden des Bootes von Oben schräg nach Unten.

Demnach befände sich der Mörder bei uns auf dem Festlande, vielleicht sogar ganz in unserer Nähe, versetzte Artega mit krampfhaft zitternder Stimme, und schüttelte seine geballten Fäuste vor sich auf und nieder, o wenn es mir der Himmel doch vergönnen wollte, mit eigner Hand Rache an diesem Ungeheuer zu nehmen!

Er muß ein Verbündeter der Nordländer sein, der sich am Lande aufhält, um Nachrichten in das Fort Sumter zu senden, bemerkte Stauton mit erzwungener Entrüstung.

Es ist kein Zweifel darüber, daß geheime Abgesandte des Nordens unser Land durchschwärmen, um unsere Schritte zu überwachen, und zugleich unsere Sclaven gegen uns aufzuwiegeln, nahm Gilmore das Wort, man muß, wenn man ihrer habhaft wird, sie zum Beispiel für Andere exemplarisch bestrafen.

Wer weiß, ob es nicht ein Sclave gethan hat? die Emissäre des Nordens predigen ihnen, daß sie Recht thun, wenn sie ihre weißen Herren morden, sagte Artega schmerzgebeugt, und gab sich wieder seinem Jammer, seinen Klagen hin.

Neunzehntes Kapitel.

Der Fluch. Trost. Rathlosigkeit und Hoffnung. Der neue Präsident. Oberbefehlshaber Beauregard. Wachsende Ungeduld. Aufforderung. Bestimmte Erklärung. Die Ruhe. Die erste Kugel.

Um diese Zeit trat Cillena hastig zu ihrer jungen Herrin in das Zimmer, und sagte mit ängstlicher Stimme:

Die Abwesenheit Guido's fällt auf, Herrin, ich habe gesagt, er würde wohl am Flusse hinauf gegangen sein, um, wie er es schon so oft that, süße Orangen für Sie zu holen, man bringt aber jetzt seine Abwesenheit mit dem Verschwinden des jungen Herrn Artega's in Zusammenhang und spricht davon, daß er wohl um den Mord desselben wüßte.

Das liegt so nahe, daß ich es erwartet habe, antwortete Abeline mit wehmüthigem Tone, sage Du Nichts barüber, man mag sich an mich wenden, ich werde bei der Wahrheit bleiben.

Da sprang Cillena horchend nach der Thür, öffnete sie leise, und rief dann ihrer Herrin zu:

Ihre Eltern, Herrin!

Dann schritt sie aus dem Zimmer, und Herr und Madame Ramière traten rasch herein.

Um Gottes Willen, Abeline, wo ist Guido? fragte Ramière mit entsetzter Stimme, und erfaßte sie heftig bei der Schulter.

Gestehe es Abeline, ehe noch größeres Unglück herbeigeführt wird, fiel ihre Mutter mahnend ein, und ergriff ihre Hand.

Ich habe ihn gestern Abend mit einem Brief an meinen Verlobten, Capitain Bayard, in das Fort gesandt, antwortete Abeline entschlossen.

So war er es, den man auf dem Wege nach

dem Fort in dem Boot erschossen hat? fuhr Ramière fort.

So sagt man, versetzte Abeline ruhig.

Um welche Zeit sandtest Du ihn von hier fort? fragte ihr Vater wieder.

Gegen neun Uhr, sobald es dunkel war, erwiederte Abeline.

Gottlob, so ist der Verdacht, daß e r der Mörder Josê's gewesen sein könne, unbegründet, nahm Ramière etwas beruhigter wieder das Wort, dennoch ist seine Fahrt die Veranlassung zu Josê's Tod geworden.

Das ist eine Fügung des Himmels, nicht aber eine gerechte Folge meiner Sendung nach dem Fort, denn in ihr lag kein Unrecht, entgegnete Abeline mild und bittend.

Dein Unrecht liegt in Deiner Beziehung zu einem Erzfeind Deines Vaterlandes, und der Tod eines so edlen Mannes wie Josê ist der Fluch, der auf dieser Deiner Verbindung lastet. Und Fluch

spreche auch ich über sie aus! rief Ramière im
heftigsten Zorn, obgleich ihm Adeline bei dem Worte
Fluch in die Arme fiel, und flehte:

Halt ein, Vater!

Das Wort aber war heraus, und wie der
Donner eines Schusses noch durch die Berge rollt,
so tönte dessen furchtbarer Klang Adelinen durch die
Seele.

Sie fuhr zusammen, sie wankte bebend nach dem
Sopha, und sank dort ohnmächtig nieder.

Aber, Ramière! rief die Mutter erschrocken und
drohend aus, und eilte dann ihrem Kinde zu Hülfe,
während der Mann hastig das Zimmer verließ, um
Cillena herbeizurufen.

Die Sclavin kam schnell, doch erst nach vielen
Bemühungen kehrte das Leben in Adelinen zurück.
Du mußt die Worte des Vaters nicht so streng
nehmen, Adeline, sagte ihre Mutter beruhigend zu ihr,
Du hast Unrecht gethan und selbst die Veranlassung
zu dem Unglück gegeben. Um Alles in der Welt

dürfen wir es nicht laut werden lassen, daß Du den Sclaven nach Fort Sumter gesandt hast, denn man würde Dich als Hochverrätherin richten. Guido ist entflohen und Weiteres wissen wir nicht über ihn.

Adeline antwortete nicht, sie saß mit gesenktem Haupte, vor ihrer Brust gefalteten Händen und Thränen unter ihren langen Wimpern in dem Sopha, und Cillena rollte weinend das gelöste Lockenhaar ihrer geliebten Herrin zusammen, und befestigte es mit einer silbernen Nadel!

Kein Wort darüber, Cillena! sagte Madame Ramière jetzt drohend zu der Sclavin, und verließ das Zimmer.

So bleibst Du mir noch, treue Cillena! sagte Adeline, wehmüthig zu der Dienerin aufblickend, und diese warf sich schluchzend vor ihren Füßen nieder, legte ihre Hände um ihre Kniee und stammelte:

So lange ich athme, Herrin!

Während nun die sieben verbündeten Sclavenstaaten sich von der Union losgesagt hatten, und sich
mit aller Macht zum Kriege gegen dieselbe rüsteten,
herrschte im Norden noch immer dieselbe Rathlosigkeit,
Unentschlossenheit und Lähmung, und noch immer hielt
man an der grundlosen Hoffnung fest, daß doch wohl
eine Vereinbarung mit dem Süden herbeigeführt und
der Friede erhalten werden möchte.

Man dachte aber nicht daran, mit welchen Ele-
menten man es zu thun hatte, man vergaß es, daß
im Süden Menschen mit andern Ansichten, andern
Sitten, andern Gefühlen, anderen Charakteren lebten,
daß das Volk dort unter dem herabwürdigenden,
verthierenden Einfluß der Sclaverei erzogen war, und
daß dessen Führer ihm den Adel seiner Geburt, die
Souveränität der einzelnen Staaten predigten. Man
übersah es, daß auf dem Strome des geschäftlichen
Treibens, der Auswanderung und der Abentheuer die
Hefe aus der Bevölkerung der ganzen Union zwischen
den mächtigen Flüssen nach der Südspitze Nord-

amerika's hinabtrieb, um dort in tropischer Gluth zu gähren und zu schäumen, und in geistiges und körperliches Verderben zu versinken. Man ließ es außer Acht, daß das Bowiemesser und der Revolver die steten Gefährten des Südländers waren, daß Straßenkämpfe, Mord und blutige Zusammentreffen zu den täglichen Begebenheiten gehörten, und daß Zweikämpfe auf Tod und Leben zu den ehrenden Beschäftigungen der Ritter des Südens, der dortigen Gentlemen, zählten.

Der 4. März, der Tag, an welchem Lincoln den Präsidentenstuhl in Washington besteigen mußte, rückte unterdessen immer näher, und während man im Norden auf die friedlichen Absichten dieses Mannes alle Hoffnungen setzte, wurden im Süden die Erklärungen immer lauter, daß derselbe nimmermehr in diese Würde eintreten solle.

Am 11. Februar verließ Lincoln seine bescheidene Heimath in Springfield im Staate Illinois, um sich über Philadelphia und Baltimore nach Washington

zu begeben, da kamen der Regierung von vielen Seiten
Winke zu, daß zwischen den beiden letzten Orten
Hunderte von verschworenen Südländern sich gesammelt
hatten, um den neugewählten Präsidenten auf seiner
Fahrt zu ermorden.

Auch Lincoln selbst wurde von der ihm drohenden
Gefahr unterrichtet, und seine Freunde führten ihn
heimlich, anstatt am 24. Februar, schon am 23. nach
Washington, und bewahrten ihn dadurch vor den
Mordanschlägen, die am folgenden Tage seiner
harrten.

Die Nachricht von der glücklichen Ankunft
Lincoln's in Washington setzte den Süden in Feuer
und Flammen, und in allen dortigen Blättern forderte
man auf, mit bewaffneter Hand die Hauptstadt zu
stürmen, und Besitz von dem Kapitol zu nehmen.

Der alte Kriegsheld, der Eroberer von Mexico,
General Scott, aber sammelte die geringe Militair=
macht, über welche er verfügen konnte, um sich, und
man wagte es nicht, der Einführung Lincolns störend

in den Weg zu treten. — Derselbe bestieg am 4. März 1861 den Präsidentenstuhl.

Wenige Tage später bestimmte man in dem Congresse der conföderirten Sclavenstaaten, sofort die Armee zu organisiren und schlagfertig zu machen, und übertrug dem Major Pierre Gustave Toutant, genannt Beauregard, den Oberbefehl über dieselbe als Brigade-General.

Beauregard war von französischer Abkunft in Louisianna geboren, und nannte sich nach der Besitzung seines Vaters. In 1834 trat er in die Militärschule im West-Point ein, und wurde im Jahr 1838 zum Lieutenant in der Artillerie befördert. In der Eroberung von Mexico unter General Scott zeichnete er sich aus, avancirte zum Major, und wurde nach dem Kriege zum ersten Beamten in der Cadettenschule zu West-Point ernannt. Beim Ausbruch der Revolution aber traute man ihm in Washington nicht, und besetzte seine Stelle durch einen

Andern, worauf er der Regierung seinen Dienst kündigte, und zu den Südstaaten überging.

Zum General ernannt, begab er sich sofort nach Charleston, und fand dort die Vorbereitungen zum Angriff auf Fort Sumter schon sehr weit vorgeschritten. Mit der Umsicht eines ausgezeichneten Ingenieur-Officiers legte er nun rasch Hand an das begonnene Werk, um dem Fort einen sichern, schnellen Untergang zu bereiten.

Rund um dasselbe auf den Küsten der Inseln wurden die Batterien mit den schwersten Geschützen versehen, Fort Moultrey wurde vollständig wieder hergestellt und mit Kanonen und Mörsern armirt, und auf alle Seiten der Seeveste legte man Wachtschiffe, um eine Correspondenz von da mit dem Festlande unmöglich zu machen.

Mit wachsender Ungeduld und Verlangen sah Major Anderson von Tag zu Tag dem Erscheinen einer Flotte entgegen, stark genug, um ihm im Angesicht der vielen feindlichen Batterien Mannschaft,

Munition, und Lebensmittel zu überbringen, denn der
Vorrath von letztern ging schon sehr auf die Neige,
und deren gänzlicher Verbrauch allein war es, was
ihn würde dazu bestimmen können, das Fort zu verlassen.

Doch so oft er auch schon am frühen Morgen
seinen spähenden Blick nach dem Ocean hinaus
richtete, so oft er während der Hitze des Tages über
die von der Sonne durchglühten Mauern dorthin sah,
und so oft er noch, wenn der Himmel sich über
Charleston mit dem Abendgold bedeckte, sein Fernglas
nach dem Weltmeere hin vor sein Auge hob, ein
Segel mit der Flagge der Union wollte nicht erscheinen.

Da traf ein Abgesandter von Washington bei
dem Gouverneur von Süd-Carolina in Charleston
ein, durch welchen die Regierung unter Lincoln ihm
anzeigen ließ, daß eine Flotte nach Fort Sumter ab-
gesegelt sei, um demselben Vorräthe zu überbringen,
und daß dies mit Gewalt ausgeführt werden solle,

wenn es nicht in friedlicher Weise geschehen könne.

Es war dies der erste entschlossene Schritt, den die Regierung der Union gegen die Rebellen that, und mit Uebermuth, mit jubelnder Verhöhnung wurde derselbe von diesen begrüßt.

Auf dem Telegraphendrath flog die Nachricht durch die conföderirten Länder, und wie einem Freuden-, einem Festtage sahen deren Bewohner dem Tage entgegen, an welchem endlich das Schwert gegen die verhaßte Union gezogen werden würde.

Namentlich aber in Charleston herrschte die wildeste Begeisterung, denn hier im Angesicht der Stadt sollten die ersten Blitze des Krieges gesehen, seine ersten Donneraccorde gehört werden.

Am 10. April erhielt General Beauregard den Befehl, Major Anderson zur Uebergabe des Fortes aufzufordern, und bei Weigerung derselben sofort mit dem Angriff auf die Seeveste zu beginnen.

Von allen Seiten strömten so viele Bewohner

der Umgegend nach der Stadt, um dem mit Sehnsucht erwarteten Schauspiele beizuwohnen, daß die
größere Zahl derselben kein Obdach darin finden konnte
und die Nächte unter freiem Himmel verbringen mußte.
Mit Luft, mit Freude aber unterzog man sich jeder
Beschwerde, jeder Entbehrung, um dem Haß gegen
die Nordländer fröhnen zu können, und zu Hunderten
bestürmten Freiwillige den commandirenden General
mit der Bitte, in den Batterien dienen zu dürfen.

In dem Hause Artega's sah man mit finsterm,
todtfeindlichem Verlangen dem Augenblick entgegen, wo
die Mauern vom Fort Sumter über dessen Besatzung
zusammenstürzen und dieselbe unter ihren Schutt begraben würden. Nur Adeline flehte Tag und Nacht
zum Himmel auf, daß das Gestein des Fortes stark
und fest genug sein möge, um den Kugeln der Feinde
zu widerstehen und den Liebling ihrer Seele vor
ihnen zu bewahren.

Sie hatte in letzter Zeit mehr mit ihm verkehrt,
als früher, denn seit dem Unglückstage, an welchem

ihr Vater ihrem Bündniß mit Bayard fluchte, war
sie noch weniger mit der Familie in Berührung gekommen. Ihr Zimmer war ihr schützendes Asyl
gegen unfreundliche Blicke und scharfe Reden geworden,
und nur spät Abends, wenn die Dunkelheit ihr den
Anblick von Fort Sumter raubte, hatte sie das Haus
verlassen, um sich einsam und allein in dem Garten
zu ergehen.

Morgens aber, wenn der Tag über das Welt-
meer heranzog, und sein erstes Licht über der Bay
zitterte, war sie schon auf das Dach geeilt, um den
Geliebten zu begrüßen, und mit ihm die Zeichen der
Liebe auszutauschen, bis die Sonnengluth sie wieder
nöthigte, sich von dem Lieblingsplatze zu entfernen.

Die Nachricht, daß man Fort Sumter nun be-
schießen wolle, hatte sie aus ihrer Ruhe, aus ihrer
stillen Zufriedenheit aufgeschreckt, und mit jeder
Stunde, um welche diese Zeit näher kam, steigerte
sich ihre Besorgniß, ihre Angst.

Cillena erlauschte für ihre Herrin jede neue

Nachricht, und so hatte diese auch durch die treue Sclavin erfahren, daß die Regierung in Washington eine Flotte abgesandt habe, um Fort Sumter mit zahlreicherer Mannschaft und allen nöthigen Lebensbedürfnissen zu versorgen.

Wie oft des Tages spähete sie jetzt nach dem Ocean hinüber, um die nahenden Schiffe der Union zu entdecken, welche dem Geliebten Hülfe und Beistand bringen sollten! Sie erschienen nicht, wohl aber brachte die Sclavin am 11. April ihrer Herrin die Nachricht, daß General Beauregard früh Morgens einige Officiere nach Fort Sumter abgesandt habe, um die Uebergabe der Festung zu verlangen.

Major Anderson hatte an diesem Morgen wie gewöhnlich seinen Rundgang in dem Fort gemacht, und die Zurüstungen zur Vertheidigung desselben inspicirt, und war soeben wieder in sein Zimmer zurückgekehrt, als Bayard eilig zu ihm eintrat, und ihm meldete, daß ein Boot mit mehreren Officieren sich nahe.

Anderson begab sich sofort mit Bayard nach dem Ausgang auf die Treppe, und empfing dort die Abgesandten General Beauregard's mit aller Höflichkeit.

Ein Adjubant desselben ersuchte nun in dessen Auftrag den Major, das Fort zu räumen, und gestattete ihm freien Abzug mit der ganzen Besatzung.

Major Anderson erwiederte sehr artig, daß er bedaure, dem Wunsche des Generals nicht willfahren zu können, indem es gegen seine Pflicht und gegen seine Ehre sei, worauf die Abgesandten sich ihm empfahlen, und nach der Stadt zurückfuhren.

Jetzt kommt es zu einem raschen Ende, die Herren sind mit ihren Rüstungen gegen uns fertig; hätten sie noch einige Wochen gewartet, so würde uns der gänzliche Mangel an Lebensmitteln genöthigt haben, von selbst abzuziehen, sagte Anderson zu Bayard, indem sie dem dahin schwimmenden Boote nachschauten.

Unbegreiflich und unverantwortlich ist es von

der Regierung in Washington, daß sie uns so im
Stiche läßt, versetzte Bayard, denn wenn man auch
auf uns keine Rücksicht nehmen wollte, so ist doch
dies Fort von der größten Wichtigkeit für die Union,
und man hätte Alles aufbieten sollen, um sich den
Besitz desselben zu erhalten.

Auch ich verstehe die Regierung nicht, denn hat
sie keine Mittel, um dies Fort zu schützen, wie will
sie dann einen Krieg gegen die Südstaaten führen,
entgegnete Anderson unwillig, fuhr aber nach einigen
Augenblicken mit seiner gewohnten Ruhe fort:

Nun, wir haben nicht darüber zu richten, wir
wollen thun, was uns unsre Pflicht, unsere Ehre
befiehlt, und uns vertheidigen, so lange wir können.

Wenn wir nur unsere schweren Geschütze auf
der Brustwehr der Mauern und in dem Hofe gebrauchen können, um Granaten und Bomben zu
werfen, sie sind zu wenig gegen das Feuer der Feinde
geschützt; mit unsern Kanonen in den Kasematten

werden wir den Batterien keinen großen Schaden zu-
fügen können, bemerkte Bayard.

Mit unserer wenigen Mannschaft ist es überhaupt
unmöglich, nach vier Seiten hin uns lange zu wehren,
man wird uns mit Bomben überschütten, antwortete
Anderson und setzte lächelnd noch hinzu:

Unsere Flagge soll aber noch auf den Trümmern
des Fortes wehen, wenn wir sämmtlich darunter begraben liegen.

Alle zum Gebrauch bestimmten Geschütze wurden
geladen, und Alles zum augenblicklichen Kampf bereit
gemacht.

Mit Spannung, ja mit Ungeduld sah die Besatzung von Augenblick zu Augenblick dem ersten
Schuß aus einer der vielen feindlichen Batterien entgegen, doch der Tag verstrich, ohne daß die Stille,
welche in und um Sumter herrschte, gestört worden
wäre.

Die Nacht war hereingebrochen, die Besatzung
des Fortes war in tiefen Schlaf gesunken, und nur

die Wachtposten auf der Höhe der Mauern ließen ihren spähenden Blick über die Fluth um die Veste schweifen, da meldeten dieselben dem wachthabenden Officier, daß ein Boot sich dem Forte nahe.

Es war Mitternacht, als dem Major Anderson diese Meldung überbracht wurde, worauf derselbe sich rasch von seinem Lager erhob, und nach dem Ausgange der Festung ging, um zu hören, welche Botschaft man ihm noch so spät in der Nacht zusende.

Zwei Adjutanten Beauregard's erschienen bald darauf vor dem Fort, und verlangten im Auftrag ihres Generals noch einmal, und zwar zum Letztenmale, dessen Uebergabe, doch Anderson blieb fest bei seiner schon am Morgen gegebenen Erklärung, daß, so lange der Mangel an Lebensmitteln ihn nicht zum Abziehen nöthige, er seinen Posten zu behaupten und sich unter dem Schutt des Fortes begraben zu lassen, entschlossen sei.

Umsonst suchten die beiden Officiere ihn zu überzeugen, daß er mit seinen schwachen Kräften das Fort nicht lange gegen die große Uebermacht ihrer Batterieen vertheidigen könne, und daß es nur unnützes Blutvergießen herbeiführen werde, Anderson wankte nicht in seiner gegebenen Erklärung, und um halb drei Uhr endlich zogen die Parlamentäre unverrichteter Sache wieder ab.

Auf Anderson's Befehl war die Mannschaft im Fort nicht in ihrer Ruhe gestört worden, und als Bayard ihn fragte: ob man die Leute nicht wecken solle, damit sie sich zum Gefecht bereit machen könnten, antwortete er:

Dieselben werden Heute all ihrer Kräfte bedürfen, gönnen Sie ihnen noch die wenige Ruhe, es ist vielleicht die letzte, die ihnen zu Theil wird.

Er hatte mit Bayard die Treppe erreicht, welche nach der Höhe des Fortes führte, als er sagte:

Lassen Sie uns auf die Brüstung hinaufgehen, Freund, die kühle Nachtluft wird uns erquicken, wir Beide können doch nicht mehr schlafen.

Es war eine todtstille, sternhelle Nacht, das

glatte, wellenlose Meer athmete wie in tiefem Schlafe auf und nieder, und nur sein Rauschen an den Mauern der Veste unterbrach das Schweigen der Natur.

Auf und ab schritten die beiden Officiere, von der frischen Seeluft umweht, auf der hohen Mauer dahin, und gaben ihren Gedanken folgend, denselben nur von Zeit zu Zeit Worte, doch Beide ließen ihre Blicke an den dunkeln Küstenstrichen hin und herwandern, auf welchen die feindlichen Batterieen errichtet waren.

Dort kommt wieder ein Boot von der Stadt her, sagte Bayard, plötzlich stehen bleibend, und zeigte nach einem schwarzen Punkt, welcher sich auf der dunkeln Fluth näherte.

Was mögen sie nun noch wollen? hub Anderson an, ich dächte, ich hätte mich bestimmt und verständlich genug ausgedrückt. Sie kommen wirklich hierher, ich bin doch neugierig!

Mit diesen Worten schritt er nach der Treppe,

und begab sich mit Bayard wieder nach dem Ausgange des Fortes, wo bald darauf das Schiff anlangte.

Nach höflicher Begrüßung nahm einer der Adjutanten, welche sich in dem Boot befanden, das Wort, und sagte:

General Beauregard läßt Ihnen anzeigen, daß in einer Stunde, also um vier Uhr, das Feuer auf Fort Sumter eröffnet werden würde. Haben Sie vielleicht Ihren Entschluß geändert, Major Anderson, so kann ich es meinem General mittheilen.

Melden Sie General Beauregard gefälligst meinen Gruß, und sagen Sie ihm, daß ich sein Feuer beantworten würde, entgegnete Anderson, indem er an seine Mütze griff, und sich verneigte.

Mit einem gleichen Gruß schieden die Parlamentaire wieder, und wie es schien, abermals in ihrer Erwartung getäuscht.

Nun wird es aber Zeit, daß wir die Mann-

schaft wecken, sagte Bayard, als das Boot davon
fuhr.

Nicht doch, erwiederte Anderson freundlich, die
Stunde Schlaf giebt den Leuten noch eine Stunde
länger Kräfte, mag der Donner der berstenden Bomben
sie zu ihrer Arbeit rufen. Es ist ja Alles auf's
Beste zum Kampfe vorbereitet. Kommen Sie mit
nach meinem Zimmer, wir wollen noch einmal in
Ruhe eine Cigarre zusammen rauchen, wer weiß, wann
es uns wieder vergönnt sein wird.

Hiermit nahm der alte Krieger seinen jungen
Freund bei der Hand, und führte ihn in sein Gemach, wo sie sich traulich zusammen nieder setzten,
und sich bei dem Dampfen der Cigarren über die so
nahe bevorstehenden Gefahren unterhielten.

Die Stunde verstrich, Major Anderson sah nach
der Uhr, und sagte sich erhebend:

Es ist vier Uhr, wir wollen auf die Brüstung
gehen, und dort den ersten Schuß erwarten, worauf
Beide sich auf die Höhe der Mauer auf der Nord-

feite der Veſte begaben, von wo ſie nach Fort Moultrey auf der Sullivan-Inſel ſchauten.

Die Herren ſind nicht pünktlich, es iſt bereits zehn Minuten über vier Uhr, ſagte Anderſon, als in demſelben Augenblick ein Blitz auf dem ſchwarzen Strande der Inſel zuckte, eine aufſteigende Bombe ihren glühenden Streif in graziöſem Bogen gegen den dunkeln Himmel hob, und der dumpfe Donner des Geſchützes über das Meer herüber rollte.

Sie kommt gerade in das Fort, ſagte Anderſon, dem feurigen Geſchoß mit dem Blicke folgend, als daſſelbe ſich aus ſeiner Höhe der Feſtung zuneigte, brauſend in den Hof derſelben hinab ſchoß, und dort mit einem furchtbaren Krach zerſprang.

Zwanzigstes Kapitel.

Das Bombardement. Feuersbrunst. Auftauchende Hoffnung. Das liebende Mädchen. Mörderisches Feuer. Die Flagge. Die Parlamentäre. Die Kapitulation. Der Abzug.

Nie, so lange die Welt steht, hat ein Meteor von gräßlicherer Vorbedeutung den nächtlichen Himmel beleuchtet, als diese Kugel, denn sie verkündete den Anfang eines Bürgerkrieges, gegen welchen alle vorherigen nur Spiele auf kleinem Raum gewesen waren, eines Krieges, in welchem Millionen Menschen einander nach dem Leben trachteten, in welchem das Blut von vielen Hunderttausenden die Erde färbte und der seine verwüstende, allen geschichtlichen Verkehr lähmende Wirkung über die ganze Erde verbreitete.

Der erschütternde Krach der im Fort berstenden Bombe hatte die Besatzung aus ihrer Ruhe aufgejagt, und nach wenigen Minuten waren sämmtliche Leute unter den Waffen, und voll stürmischen Verlangens, den Donnergruß zu beantworten.

Major Anderson aber ließ die Wachen von der Brüstung einziehen, und befahl sämmtlicher Mannschaft, sich in die unteren bombenfesten Räume zu begeben, und dieselben nicht zu verlassen.

Eine kurze Pause folgte dem Signalschuß, dann aber stiegen auf drei Seiten des Fortes von den Küsten der Inseln die glühenden Bogen der dort abgefeuerten Geschosse zum Himmel auf, und senkten sich wie feurige Garben nach Fort Sumter, und der Donner der Geschütze machte die Luft und die See erbeben.

Fort Sumter antwortete nicht.

Es verging eine, es verging die zweite Stunde, die Festung wurde von Bomben wie von einem Feuerregen überschüttet, ihre eigenen Kanonen schwiegen.

Es war halb sieben Uhr, als die Mannschaft zum Frühstück gerufen wurde, und dieselbe sich wie in tiefstem Frieden zu dem Mahle niedersetzte.

Anderson wußte, daß seine achtzig Männer, mit denen er nur neun Geschütze gehörig bedienen konnte, nur dann den bevorstehenden Anstrengungen gewachsen sein würden, wenn er ihre Kräfte nicht unnöthig verbrauchte, und darum wartete er das helle Tageslicht ab, ehe er sie zum Gefecht gehen ließ.

Gleich nach sieben Uhr wies er ihnen ihre Plätze an, und Bayard selbst feuerte den ersten Schuß von der Höhe der Mauer aus einer der dort stehenden kolossalen Columbiakanonen ab.

Es war der geringen Mannschaft wegen von Anfang an beschlossen worden, von den drei übereinander liegenden Geschützreihen, welche das Fort besaß, nur die untern in den Casematten und die obern auf der Mauerbrüstung zu gebrauchen, weßhalb Bayard die mittlere hatte vermauern lassen. Die oberen Geschütze, die schwersten, aber waren den, wie

Hagel auf das Fort fallenden Bomben des Feindes so sehr bloß gestellt, daß es kaum möglich war, dieselben zu bedienen, und in Folge dessen mußte die Mannschaft sie auch bald verlassen.

Es waren aber die einzigen, mit welchen den feindlichen Batterien wirklicher Schaden zugefügt werden konnte, und Bayard rief Freiwillige auf, um den Dienst bei ihnen zu übernehmen.

Wallstein war der Erste, der hervortrat und sich dazu anbot, kaum aber hatte Bayard einige Schüsse von der Höhe der Mauer gethan, und wollte abermals Feuer geben, als Guido's scharfes Auge eine heranbrausende Kugel gewahrte, Bayard von dem Geschütz hinwegriß und dieses im nächsten Augenblick von dem Geschoß zertrümmert wurde. Fast zu gleicher Zeit schlugen zwei Bomben auf zwei andere nahestehende Kanonen, und die immer zunehmende Menge von niederfallenden und berstenden Kugeln trieb bald wieder die kleine muthige Schaar von der unbeschützten Höhe hinweg in die Casematten.

Doch wieder und immer wieder, trotz der Vorstellungen Anderson's, sprang Bayard mit Freiwilligen
nach den oberen Geschützen, und ließ sie ihre
mörderischen Geschosse gegen die Feinde speien, bis
gegen Mittag nicht eines derselben mehr in brauch-
barem Stande war.

Aus den Casematten wurde nun das Feuer auf
die Strandbatterieen Schuß auf Schuß unterhalten,
da fiel eine Bombe zündend in die Kaserne, und die
Flammen loderten um deren Fenster auf. Wallstein
aber und Guido an der Spitze der Musiker griffen
das Feuer mitten unter dem Kugelregen mit solcher
Entschlossenheit und Gewalt an, daß sie seiner bald
Herr wurden.

Da plötzlich sah man durch die Kanonenöffnungen,
welche nach dem Ocean zeigten, mehrere Segel, und
erkannte über ihnen die Flagge der Union. Die
Flotte, welche Fort Sumter verstärken sollte, war vor
dem Eingang in die Bay erschienen.

Mit Jubel wurde sie von der Besatzung bewillkommnet, und da die Schiffe als Gruß nach Fort Sumter ihre Flaggen wiederholt neigten, so sollte derselbe Gruß ihnen aus dem Forte erwiedert werden.

In dem Hofe aber, wo der Flaggenmast stand, schlugen so fortwährend die feindlichen Kugeln nieder, daß es fast sicherer Tod war, sich in denselben zu wagen.

Doch Bayard mit Wallstein und Guido sprang hinaus nach dem Maste, die Leinen der Flagge wurden gelöst, und diese mehreremale schnell herabgelassen und wieder aufgezogen.

So eben hatte Bayard die Leinen wieder befestigt, als zwei Bomben von verschiedenen Seiten aus der Höhe herab braußten, und in den Hof schlugen.

Werft Euch nieder! schrie er seinen Gefährten zu, alle Dreie stürzten sich flach auf den Boden, und über sie hinweg schwirrten die eisernen Scherben der platzenden Kugeln und prasselten an den steinernen

Wänden umher. Nach wenigen Augenblicken wurden die drei jungen Männer in den Casematten von ihren Kameraden jauchzend begrüßt. Der Anblick der Flotte hatte der Besatzung neue Hoffnung gegeben, und mit verdoppelter Kraft wurde das Feuer gegen den Feind unterhalten.

In der Stadt Charleston war seit dem ersten Schuß die ganze Einwohnerschaft in der rasendsten, tollsten Aufregung gewesen, und das Werft, sowie die Fenster der Häuser an demselben blieben während des ganzen Tages Kopf an Kopf mit Menschen gefüllt. Ja selbst der Wasserspiegel zwischen der Stadt und Fort Sumter war bis auf Schußweite von diesem mit großen und kleinen Booten bedeckt, aus welchen Herrn und Damen dem Schauspiel ganz in der Nähe zusahen, obgleich es Major Anderson nur einen Schuß gekostet haben würde, um sie die Flucht ergreifen zu lassen.

Tausende von großen und kleinen Ferngläsern waren auf das Fort gerichtet, und jede in dasselbe niederschlagende Kugel wurde mit Jauchzen und Hurrah's begrüßt.

Ein Augenpaar aber hatte seit dem ersten Schuß mit Bangen und Angst an den Mauern von Fort Sumter gehangen, und sich nicht wieder von ihm abgewandt; es war das Abelinens.

Der Donner des Geschützes hatte sie von ihrem Lager aufgejagt und auf das Dach des Hauses getrieben, zitternd und bebend war sie dort niedergesunken, hatte zum Sternenhimmel um Schutz des Geliebten aufgefleht, und hatte diesem, als das Tageslicht die feurigen Streifen der furchtbaren Geschosse verbleichen ließ, ihre angsterfüllten Grüße zugewinkt.

Festgebannt mit ihrem Blick an die in Pulverdampf gehüllte Veste und von Worten des Trostes, der Hoffnung ihrer treuen Sclavin aufrecht gehalten, blieb sie während des ganzen Tages auf der Höhe des Hauses, und haschte nach dem Augenblick, wo sie die geliebte Gestalt Bayard's unter den muthigen Kämpfern gewahren konnte.

Wieder und wieder sah sie ihn mit Guido an seiner Seite auf der Höhe der Mauern, wenn er die Geschütze nach dem Feinde richtete und deren Ladung nach ihm abfeuerte, und wieder sah sie ihn in der trauten Maueröffnung, von wo er ihr so oft seine frohen, freudigen Grüße zugewinkt hatte.

Auch die Mittagsgluth vermochte nicht, Abelinen von dem Dach zu vertreiben. Cillena aber schützte sie mit einem Schirm gegen die sengenden Strahlen der Sonne.

Während dieser Zeit bereitete man auf der Sullivan Insel ein Geschoß gegen Fort Sumter, welches dessen Untergang unfehlbar schnell herbeiführen mußte; es waren glühende Kugeln, welche man nach ihm hinschießen wollte.

Hatte am Morgen eine Bombe die Kaserne in Brand gesteckt, so war dies eine Ausnahme von der Regel gewesen, die glühenden Kugeln aber mußten

immer zünden, wenn sie mit brennbarem Stoff zusammen kamen, und nur wenige Schüsse waren am
Nachmittag damit gethan, als die Gebäude im Fort
Sumter wieder in Flammen standen. Es befand
sich aber über den Baracken eine Anzahl großer
eiserner Cisternen, deren Wasser in solcher Menge
zu augenblicklicher Verfügung stand, daß Wallstein
und Guido mit den Musikern das Feuer schnell be-
wältigten.

Anderson und Bayard waren allenthalben mit
ihren Befehlen, ihrem Rath, ihrem Beistand zugegen,
und wachten, sich selbst den Gefahren preisgebend,
über die Sicherheit der Mannschaft, welche anstatt in
drei sich ablösenden Abtheilungen zu arbeiten, sämmtlich in rastlosem Dienste blieben.

Das Feuer der vierzehn feindlichen Batterieen
wurde von Stunde zu Stunde heftiger, aber auch
genauer gerichtet, und das obere Gemäuer des Fortes
begann, der Gewalt des Eisenregens zu weichen und
in den Hof herab zu stürzen.

Anderson hielt die Mannschaft in den sichern Casematten zurück, und nur wenn Feuer ausbrach, durften die Leute sich den feindlichen Kugeln aussehen.

Ohne zu raften, ohne Speise zu sich zu nehmen, blieben Alle bei den Geschützen thätig, bis die einbrechende Dunkelheit ihnen ihre Ziele verhüllte und dem Kampfe ein Ende machte.

Anderson ließ die Kanonenöffnungen schließen, und die Besatzung sich pflegen und ruhen.

Die Nacht war stürmisch,. die See warf ihre Wogen mit Ungestüm gegen die schadhaften Mauern des Fortes, und der Regen fiel in Strömen auf dasselbe nieder. Die Feinde aber wollten den braven Unionisten keine Ruhe gönnen, ihre feurigen Geschosse flogen ohne Unterbrechung während der ganzen Nacht nach Sumter hinüber, und hielten allen Schlaf von dessen erschöpften Vertheidigern fern.

Auch in Charleston kehrte in dieser Nacht nur wenig Schlaf ein, die dort herrschende Aufregung war

zu zügellos, und mit Ungeduld sehnte man den Tag
herbei, um des Augenblicks zu harren, wo die Mauern
des Fortes über den verhaßten Unionisten zusammenstürzen würden.

Aber nicht allein die Einwohnerschaft von Charleston hatte die Blitze der Kanonen gesehen und deren
Donner gehört, ganz Amerika war mit geistigem Auge
Zuschauer des Kampfes gewesen, denn der Telegraph
hatte während des ganzen Tages fortwährend nach
allen Himmelsgegenden berichtet, was geschah, und
hatte bis in den höchsten Norden die Gemüther mit
stürmischer Theilnahme an dem großen Vorspiel des
großen Bürgerkrieges erfüllt.

Die Nacht floh, der Himmel klärte sich auf, und
die Sonne schien hell auf das begonnene Werk der
Zerstörung nieder. Vergebens suchte Anderson's
spähender Blick nach der Flotte, auf deren Hülfe
seine ganze Hoffnung gebaut war, in weiter Ferne
sah er wohl einzelne Segel vor der Bay kreuzen, aber
keines derselben wollte sich nähern. Zwei der Schiffe

waren auf den Strand gerathen, und die übrigen wagten es nicht, sich den Kugeln der Conföderirten auszusetzen.

War das Feuer der Rebellen nach Fort Sumter hin am verflossenen Tage schon furchtbar gewesen, so erreichte es an diesem Morgen seinen Höhepunkt, denn ohne Unterbrechung schlugen jetzt glühende Kugeln in dasselbe ein. Bald hier, bald dort zündeten dieselben in den Gebäuden des Fortes, und so oft die Besatzung das auflodernde Feuer auch löschte, so brach es doch immer an anderen Stellen wieder aus. Da wurden drei der eisernen Cisternen von Kugeln durchbohrt, und deren Wasserinhalt schoß in Strömen in das Fort herab. Es war jetzt nicht mehr möglich, Herr des Feuers zu werden, und eine noch weit größere Gefahr trat in den Vordergrund, die nämlich, daß dasselbe das Pulvermagazin erreichen würde.

Anderson befahl, das Pulver in die See zu werfen, und nur so viel davon in die Casematten zu schaffen, als nöthig war, um das Gefecht fortzusetzen.

Ueber hundert Faß Pulver wurden durch die Flammen und durch den Kugelregen nach dem Ausgang getragen und in das Meer versenkt, und Wallstein und Guido waren die Helden, welche dieses Rettungswerk leiteten und ihren Kameraden dabei vorangingen.

Die Lage der Besatzung wurde von Minute zu Minute verzweifelter; die Hitze der draußen wüthenden Flammen drang immer heftiger in die Casematten ein, die gefüllten Bomben und fertigen Patronen in den oberen Räumen explodirten, das Mauerwerk und Gebälk stürzte krachend in den Hof, und der Kugelregen wurde immer gräßlicher.

Namentlich aber war es der Rauch und die Hitze, die es in den Casematten fast unmöglich machte, zu athmen, und nur von Zeit zu Zeit brachte ein leichter Luftzug für Augenblicke Erleichterung.

Dennoch blieben die Männer bei den Geschützen, und sandten, wenn auch spärlicher, ihre Kugeln nach den Feinden hin.

Da schrie einer der Wachtposten: „Die Flagge ist herunter!" und Wallstein sprang hinaus und brachte dieselbe zu Anderson; der Flaggenmast war abgeschossen.

Die Flagge muß wehen, und wenn ich sie selbst über die Mauern halten soll! rief Anderson, und sprang damit in den Hof hinaus, doch Bayard zog ihn gewaltsam mit den Worten zurück:

Und wehen soll sie, nur Sie, Major, müssen hier bleiben.

Dann nahm er die Flagge, ließ sich Beil und Nägel geben, Wallstein und Guido ergriffen einen kleinen Mast, und alle Drei sprangen nach der zertrümmerten Mauerbrüstung hinauf, wo der Jubel der Feinde von dem Strande zu ihnen herüber tönte.

Von Kugeln umsaust, erstieg Bayard den höchsten Platz auf der Mauer, befestigte mit Beistand seiner beiden Begleiter den Mast in dem Gestein, kletterte an demselben empor, und nagelte die Flagge an dessen

Spitze fest, so daß der Wind sie weit über die See hinaus entfaltete.

Da brachen die Feinde in wilde, stürmische Hurrah's aus, und wehten mit ihren Hüten Bayard ihre Huldigung zu, während dieser nach Artega's Haus hinüber spähte, und auf dessen Dache ein hochfliegendes, weißes Tuch erkannte.

Wie durch eine unsichtbare Hand beschützt, erreichten die drei Muthigen unversehrt die Casematten, und wurden jubelnd von ihren zu Tod erschöpften Kameraden empfangen.

Nur noch in langen Zwischenräumen wurde aus den Casematten gefeuert, doch bei einem jeden Schuß, der jetzt sein Eisen nach den Feinden hinüber schleuderte, sprangen diese auf die Brüstungen ihrer Schanzen, und schrieen donnernde Hurrah's für Major Anderson nach dem Fort hinüber.

Da meldete einer der Kanoniere, daß ein Boot von der Sullivan-Insel herüberkomme, und Bayard sprang schnell nach dem Ausgange, um zu sehen, was es bringe.

Es wehte eine weiße Fahne über dem Schiff, und Bayard erkannte mehrere Officiere in demselben. Auf der Insel, von welcher das Boot kam, waren die Kanonen verstummt, und bald schwiegen rund um alle feindlichen Batterieen.

Das Boot erreichte die Treppe, und die Parlamentäre, Major Lee an ihrer Spitze, forderten im Namen des Generals Beauregard Einlaß, um Major Anderson zu sprechen.

Bayard führte sie durch Gluth und Rauch zu dem Major in die Casematten, und Lee bat denselben, jetzt dem Kampfe ein Ende zu machen, da er ja doch schon sein Feuer fast ganz eingestellt habe, das Fort in Flammen stehe, und er es nicht länger zu vertheidigen im Stande sei.

Anderson gestand, daß seine Munition bis auf wenige Schuß verbraucht wäre, daß seine Lebensmittel

allein noch in Salzfleisch beständen und die Thore
der Festung verbrannt seien.

Er erklärte sich bereit, abzuziehen, doch mit
Waffen, Musik und seiner Flagge, und verlangte, daß
er diese vor seinem Abzug mit fünfzig Kanonenschüssen
salutiren dürfe.

Major Lee bezweifelte es, daß General Beauregard
auf die letztere Bedingung eingehen würde, doch
Anderson blieb dabei, und sagte, daß er außerdem das
Fort nicht gutwillig verlassen werde.

Die Parlamentäre fuhren nach der Sullivan-
Insel zurück, brachten aber bald darauf die Antwort
Beauregard's nach Sumter, daß derselbe die gestellten
Bedingungen angenommen habe.

Mit schwerem Herzen ließ Anderson nun die
Flagge von der Mauer herabnehmen, und mit Zer-
knirschung sah die Mannschaft dieselbe sinken, dann
aber wandten sich Alle dem Feuer in den Gebäuden
zu, und löschten es aus, um sich während der letzten

Nacht in den zertrümmerten Mauern erholen und ruhen zu können.

Der folgende Morgen, Sonntag der 14. April, erschien heiter und wolkenlos, und die Isabel, ein Dampfer der Conföderirten, legte sich vor die Eingangstreppe von Fort Sumter, um die Besatzung nach der Flotte der Union zu bringen, welche noch vor der Bay kreuzte.

Der Flaggenmast in dem Hof war ausgebessert, die Flagge der Union wurde noch einmal an ihm aufgezogen, noch einmal entfaltete sie sich, im Morgenwind wehend, über der Veste, und fünfzig Kanonenschüsse aus den Casematten erzeigten ihr hier die letzte Ehre.

Dann ließ Anderson sie herabnehmen und auf den Mast des Dampfers aufziehen, das Musikcorps stimmte „Heil Columbia" an, und der Major führte seine brave Schaar aus Fort Sumter auf das Schiff, welches sie über die grünen Wogen hinaus in den Ocean nach der Flotte der Vereinigten Staaten brachte.

Bayard stand auf dem oberen Verdeck hinter dem Steuermannshaus, und hielt sein Fernrohr nach Artega's Pallast gerichtet, von dessen Höhe ihm Adeline ihre Abschiedsgrüße zuwinkte.

Einundzwanzigstes Capitel.

Die Kriegsfackel. Begeisterung. Theilnahme des weiblichen Geschlechts. Der deutsche Republikaner. Die Rache. Die Großen der Südstaaten. Die glückliche Braut. Der Handkuß. Deutschland. Bezaubernde Schönheit. Der Liebesbote. Verstellung. Große Artigkeit.

Die Flammen der Kriegsfackel loberten auf, und schlugen jetzt auch über dem Norden zusammen.

Nur eine kurze Betäubung traf die Bevölkerung in den, der Union treuen Staaten bei der Nachricht von dem Falle Fort Sumters, dann schüttelte dieselbe sie ab, und eiserner Wille, furchtbare Entschlossenheit und Bewußtsein der Kraft traten an ihre Stelle. Niederschmettern der Rebellen und Herstellen der Union durch das Schwert war die Losung, die durch

den Norden schallte, und in jedem Staat, in jeder
Stadt, in jedem Städtchen strömten Freiwillige herzu, um sich in die Reihen der Kämpfer für die Union
zu stellen.

Der Schlag, den die Rebellen den Nordstaaten
durch die gewaltsame Besitznahme von Fort Sumter
gegeben hatten, wurde an demselbigen Tage durch jene
beantwortet, denn Präsident Lincoln erließ am 14. April
bei Empfang der Nachricht von der Uebergabe Sumters
die Kriegserklärung gegen den aufständischen Süden,
und rief 75000 Mann Miliz unter die Waffen;
die Anmeldungen von Freiwilligen hierzu überstiegen
aber schon nach wenigen Wochen diese Zahl um das
Vierfache.

So, wie nun der Fall von Fort Sumter das
Schwert der Nordländer gegen die Rebellen aus der
Scheide gebracht hatte, so führte er diesen auch neue
Verbündete zu; denn Virginien, Arkansas, Nord-
Carolina und Tennessee traten ihrer Verbindung gegen
die Union bei.

Es waren jetzt eilf. Sclavenstaaten, mit einer
weißen Bevölkerung von fünf und einer halben Million,
welche einundzwanzig und einer halben Million
weißer Menschen im Norden den Fehdehandschuh
hinwarfen.

Während die Union nun mit kalter, eiserner
Ruhe die Vorbereitungen zu dem großen Kampfe
traf, geschah dies im Süden mit wilder, zügelloser
Siegestrunkenheit und mit raschem Handeln. Am
18. April fielen schon die neu verbündeten Virginier
in Harpersferry ein, um die ungeheuren Waffenvorräthe in dem dortigen Arsenal und in der Gewehr-
fabrik in Besitz zu nehmen, doch wurde diese ihre
Absicht größtentheils dadurch vereitelt, daß der
dortige Commandant die Gebäude in Brand steckte.

Der Verlust von Harpersferry war für die
Union ein sehr großer, doch ein noch viel bedeutenderer
war der von dem Marine Arsenal Gosport an der
Mündung des Elizabethflusses, wo zwölf Kriegsschiffe
im Hafen lagen, und wo sich ungeheure Vorräthe

von Kriegsmaterial befanden. Ueber zweitausend fünf-
hundert Kanonen waren dort angehäuft, und die
Massen von kleineren Waffen und Munition waren
folossal. Auch nach diesen Schätzen griffen die
Virginier um dieselbe Zeit, doch auch hier kam ihnen
die Union zuvor, und zerstörte sie zum großen Theil
nebst den Schiffen im Hafen durch Feuer.
Alle Waffenvorräthe der Vereinigten Staaten,
deren die Rebellen habhaft werden konnten, hatten sie
an sich gerissen, so daß sie dieselben kaum zur Hälfte
gebrauchen konnten, während sich der Union bereits
260,000 Mann zum Dienst in der Armee gemeldet
hatten, von denen man nur eine geringe Zahl augenblicklich mit Waffen versehen konnte.

Die Begeisterung im Norden aber war so groß,
daß jeder Staat, jede Stadt, jeder einzelne Mann
nach besten Kräften der Regierung zu Hülfe kam,
und in wenigen Wochen wurden ihr über dreißig
Millionen Dollars zur Verfügung gestellt.

Die Kriegsschiffe auf auswärtigen Stationen

waren eiligſt zurück berufen, alle Schiffe und Dampfer, die ſich zum Kriegsdienſt eigneten, wurden angekauft, und am 27. April wurden die Südſtaaten in Blokadezuſtand erklärt.

Ueber 250 Seeofficiere der Union waren ihrer Flagge untreu geworden, und hatten ihre Dienſte den Rebellen zugewandt, dennoch fehlte es der Regierung nicht an ſolchen, denn ſie konnte aus der Handels-marine die Lücken ausfüllen.

Halte ſie die Macht, die Blockade wirklich voll-ſtändig herzuſtellen, ſo mußte dieſelbe der Tod der Südſtaaten werden, ſie mußte ſie aushungern.

Als Gegenmaaßregel gab die Regierung der Conförderirten Piratenflaggen aus, und ſandte ſelbſt mehrere Caper in See.

Hatte nun die Einnahme von Fort Sumter die Rebellen insbeſondere die Süd-Caroliner in Siegestaumel verſetzt, ſo wurde ihr Uebermuth, ihre Gering-ſchätzung gegen die Nordländer durch den Beitritt der vier Sclavenſtaaten, namentlich aber von Virginien,

noch viel höher gesteigert, und man prahlte laut und
öffentlich damit, daß man von Richmond aus nach
Washington marschiren wolle, um das Capitolium
einzunehmen um die Regierung der Conförderirten
Staaten dahin zu verlegen.

Washington schwebte allerdings nach Virginiens
Beitritt zu den Südstaaten für kurze Zeit in Gefahr,
und die Ankunft Bayards daselbst war General Scott
sehr erwünscht, um die Hauptstadt durch ihn befestigen
zu lassen. Aber nicht allein die nächste Umgebung
derselben wurde mit Vertheidigungswerken gesichert,
auch die einzelnen öffentlichen Gebäude, wie die
Schatzkammer und das Capitolium wurden befestigt, mit Geschützen versehen und Besatzungen
hineingelegt.

Auch im Norden nahm das weibliche Geschlecht
den lebendigsten Antheil an der Begeisterung für die
nationale Sache, alle Frauen und Mädchen verfertigten
Charpie, Kleidung und Bedürfnisse für Verwundete
und Kranke, boten sich als Pflegerinnen für dieselben

an, benutzten ihren Einfluß auf die Männer, um sie
für die Sache des Vaterlandes anzufeuern, und ver=
langten nach der baldigen Gefangennahme des Süd=
präsidenten Davis und des Generals Beauregard,
wenn sie aber mit Thränen, Seufzern und Gebet
den Sieg ihrer Männer und die Vernichtung der
Rebellen erflehten, so waren die Weiber im Süden
bereit, sich selbst mit Bowiemesser und Revolver auf
die Feinde zu stürzen, und verlangten nicht nur die
Gefangennahme Lincolns, sondern sie sehnten sich nach
dem Besitz seiner Zähne, seiner Ohren, seiner
Knochen.

Bayard wurde in Washington mit großer Aus=
zeichnung empfangen, und seiner augenblicklich so
wichtigen Leistungen wegen hoch gefeiert, und da er
sich mit Wallstein sehr befreundet hatte, und derselbe
ihn bei seinen Arbeiten thätig unterstützte, so wurde
auch diesem Hochachtung und Anerkennung für seine
Bemühungen zu Gunsten des Wohles der Union von
allen Seiten zu Theil.

Wallstein schwärmte jetzt mehr, als zuvor, für
sein Ideal, für die große republikanische Freiheit und
Einigkeit, und mit hoher Begeisterung verlangte er
danach, seine Kräfte zur Wiederherstellung derselben
zu verwenden. Doch augenblicklich riefen ihn seine
Privatangelegenheiten nach Charleston zurück, und mit
Freuden sagte er es Bayard zu, ihm mitzutheilen,
was die Rebellen Wichtiges gegen die Union unternehmen würden.

Sie sind ein Ausländer und der Bruder einer in
Charleston angesehenen Frau, sagte Bayard zu ihm,
Niemand weiß, daß Sie Fort Sumter vertheidigen
halfen, und Niemand wird in Ihnen einen Anhänger
der Union vermuthen. Ihr Schwager Weineck ist in
Artega's Haus bekannt und mit der Familie befreundet,
und dort ist der Sammelplatz der Häupter der
Rebellion, Sie werden leicht Zutritt in dem Haus
erlangen, und kommen dadurch in die Lage, Manches
zu erfahren, was unserer Regierung zu wissen von
Bedeutung sein könnte. Ich werde unsere Correspon-

denz so leiten und einrichten, daß Ihnen keine Gefahr daraus erwachsen kann. Und wie unendlich werden Sie mich dadurch verpflichten, daß Sie mir meinen Verkehr mit meiner theuren Adeline erleichtern — lebenslang werde ich es Ihnen danken, lieber Wallstein!

Gefahr, oder nicht Gefahr! antwortete dieser, hätte ich mein armes, zerstückeltes, deutsches Vaterland aus seiner Zerrissenheit aufrütteln und ihm Einigkeit geben können, ich würde zehn Leben, wenn ich sie gehabt hätte, dafür eingesetzt haben; ein großer Mann, ein starker Arm aber fehlt, der sie ihm giebt. Hier jedoch ist sie mit dem Volke empor gewachsen, und wenige Frevler wagen es, störend hineinzugreifen; das Volk selbst, jeder einzelne Mann wird sie wieder herstellen.

Sie sind ein hochherziger Republikaner, Wallstein, und Sie werden hier eine Heimath finden, die Ihnen bald Ihr altes Vaterland vergessen lassen wird, sagte Bayard, indem er ihm mit Innigkeit die Hand reichte und sie schüttelte, dann fuhr er fort: Bleibt es denn noch dabei, daß Sie Morgen abreisen?

Ganz gewiß, die Rebellen möchten einmal plötzlich Niemanden vom Norden her in ihr Land einlassen, antwortete Wallstein.

So werde ich noch heute meinen Brief an meine Adeline beenden, sagte Bayard, und schied von Wallstein bis auf Wiedersehen beim Abendessen.

Es war gegen das Ende des Monats Mai, als die Fenster in dem Pallast des Herrn Artega Abends hell erleuchtet waren, und auf den beiden Säulen des Einfahrtsthores vor dem Park aus zwei Pechtöpfen rothglühende Flammen mit schwarzen Rauchwolken emporwirbelten.

Die Großen des neuen Reiches, Präsident Jefferson Davis an der Spitze, wurden erwartet.

Die mit aller Pracht und Reichthum ausge- statteten Räume im ersten Stock des Hauses strahlten in dem Lichtglanze kostbarer Lampen und Kronleuchter, und eine große Anzahl in Schwarz gekleideter, schwarzer Diener schlichen lautlosen Trittes über die glatten, getäfelten Fußböden, oder standen, den Winken der Herrschaft gewärtig, an den Thüren und auf den Treppen.

Madame Artega und Madame Ramière hatten in Trauerkleidung auf einem Sopha in dem großen Saale Platz genommen, und Herr Artega schritt, tief in Gedanken versunken, mit den Händen auf dem Rücken langsam vor ihnen auf und nieder.

Auf seinen harten, finstern Zügen lag ein Ausdruck von Gram, von tiefem Schmerz, aber nicht mit Duldung, mit Ergebung gepaart, sondern mit Auflehnung, mit Trotz gegen das Schicksal, welches ihn heimgesucht hatte, man sah es ihm an, daß er darüber brütete, den Schlag, der ihn getroffen, zurückzugeben, und wenn sein dunkles Auge sich erhob, so leuchtete ein unheimlicher, ein grausiger Gedanke aus ihm hervor; er war das Bild unbegrenzter, endloser Rache.

Da trat Herr Ramière in den Saal und mit den Worten zu Artega hin:

Haben Sie es schon in der Abendzeitung gelesen, daß der Pirat, den Sie ausrüsteten, vorgestern vier nordische Kauffahrer an unserer Küste mit Mann und Maus in den Grund geschossen hat?

Nein, ich habe es nicht gelesen, antwortete Artega mit triumphirend aufleuchtendem Blick, das Capital wird gute Zinsen tragen — waren denn wohl recht viele Leute an Bord der Schiffe, sagt die Zeitung nichts darüber?

Eines von ihnen soll viele Passagiere an Bord gehabt haben, antwortete Ramière.

So, sagte Artega, seine Brauen finster zusammen-ziehend, und sich hoch aufrichtend, ich werde noch einige Piraten aussenden.

In diesem Augenblick schritten Olympia und

Abeline in den Saal, und erstere ging eilig auf Artega zu, und sagte:

Gute Nachricht, Onkel, Dein Pirat hat vier nordische Schiffe in den Grund gebohrt!

Dein Vater sagte es mir soeben, erwiederte Artega halb in Gedanken, und wandte sich dann nach der Thür, wo schon einige der erwarteten Gäste eintraten und mit steifer Höflichkeit von ihm empfangen wurden.

Der Saal füllte sich jetzt rasch mit Herren, (denn Damen waren nicht eingeladen) und Artega blieb an dem Eingange stehen, um die Kommenden zu begrüßen, da öffnete sich die Thür des Vorzimmers, und Präsident Jefferson Davis trat herein.

Artega schritt ihm entgegen, verneigte sich tief vor ihm, reichte ihm die Hand, und führte ihn in den Saal und zu den Damen, welche sich von ihren Sitzen erhoben hatten.

Alle Anwesenden verbeugten sich, Davis, nachdem er den Damen seine Huldigung dargebracht hatte,

wandte sich schnell mit zutraulichen Worten an die
ihm schon bekannten Persönlichkeiten, und ließ
sich dann durch Artega die übrigen Herren vor-
stellen.

Jefferson Davis war ein Mann von 53 Jahren,
der seine frühe Jugend in Mississippi unter den
ritterlichen, zügellosen Müssiggängern des Südens
verbracht hatte, dann aber in die Militairschule in
West-Point eingetreten war, und nach vier Jahren
als Lieutenant in einem Cavallerieregiment in den
Krieg gegen die Indianer zog.

Nach siebenjährigem Dienst gegen die Wilden
kehrte er nach Mississippi zurück, wurde Baumwollen-
pflanzer und Politiker, und bald darauf Deputirter
im Congreß zu Washington. Als der Krieg gegen
Mexico ausbrach, führte er als Oberst ein Schützen-
regiment unter General Taylor dorthin, zeichnete sich
durch seine Bravour aus, und folgte nach beendigtem
Feldzug abermals seiner früheren politischen Lauf-
bahn.

Er war ein Mann von ungewöhnlich geistigen Fähigkeiten und großer Beharrlichkeit. Er besaß kein hochherziges Gefühl, aber eine kalte, ja heitere Kühnheit, eine sehr klare Auffassungsgabe und einen unerschütterlichen Willen, um ein vorgestecktes Ziel zu erreichen. Sein Körper war mager, doch sehnicht, seine Stirn hoch und breit, seine Gesichtszüge schmal, fein und intelligent, und seine ganze Erscheinung voll unabhängiger Bestimmtheit und Entschlossenheit.

Gleich nach ihm trat der Vice-Präsident, Alexander Stephens, ein, und wurde mit augenscheinlich aufrichtiger Verehrung von den Anwesenden begrüßt. Sein Aeußeres war sehr unbedeutend, er war klein, schwächlich, und hatte das Ansehen eines zu früh gereiften Knaben, welchen Eindruck seine feine, mädchenhafte Stimme noch vermehrte. Sein Geist aber war groß und mächtig, seine Seele hochherzig, und sein Wille gut und edel.

Als Deputirter für Georgien hatte er sich einen großen Namen als tiefer Denker, überzeugender, hin-

reißender Redner und als ein nur Gutes wollender
Mann erworben, und wenn er jetzt als Zweiter an
der Spitze der Revolution stand, so hatte ihn seine
Ueberzeugung dahingeleitet.

Er war in dem Herzen der Sclavenstaaten geboren und erzogen, das Souverainitätsrecht der einzelnen Staaten hatte er mit der Muttermilch einge-
sogen, und den Neger kannte er nur als einen, dem
Weißen von der Natur zum Diener bestimmten, unter-
geordneten Menschen, und sah bei guter Behandlung
kein Unrecht in dessen Verwendung zur Arbeit.

Nachdem die einzelnen Herren den beiden Präsidenten nun einige Worte der Höflichkeit gesagt
hatten, wandte sich Davis zu Artega, und hub mit
feierlichem Tone an:

Ich weiß nicht, wo ich Worte hernehmen soll,
um Ihnen gebührende Anerkennung für Ihren hochherzigen Patriotismus auszusprechen, der Sie eine
halbe Million auf den Altar des Vaterlandes legen
ließ. Sie haben sich dadurch einen Denkstein gebaut,

der Ihr Lob verkünden wird, so lange noch das Herz eines Südländers schlägt. Ich danke Ihnen im Namen des edlen Volkes, dem wir angehören.

Artega verbeugte sich stolz, und sagte:

Es handelt sich um unsere heiligsten Rechte, um unsere Freiheit, unsere Ehre, und dafür wird jeder brave Südländer nach seinen Kräften Opfer bringen. Ich selbst kann meinen Arm dem Vaterlande nicht leihen, und den meines Sohnes haben diese verruchten Nordländer ihm meuchlings entzogen!

Diese letzten Worte sagte Artega mit bebender Stimme, und krampfhaft preßte er dabei seine Hände in einander, um das Zittern seiner Glieder zu bemeistern.

Ich habe es gehört, verehrter Freund, sagte Davis theilnehmend, die Vergeltung aber wird nicht ausbleiben, wir werden das Ungeheuer in seiner eigenen Höhle vernichten. Der Sitz unserer Regierung soll bald nach Richmond verlegt werden, und dort wird Beauregard unsere ganze Heeresmacht zusammen-

ziehen, um Washington zu nehmen, ehe die Nordländer Zeit dazu haben, Waffen für ihre Armeen an-
zuschaffen. Außerdem haben sie keine Führer, und
vor Allem kein Recht, das sie begeistert. Ehe der
Sommer vergeht, wird die Flagge unserer Republik
über dem Capitolium von Washington wehen.

An Capitain Bayard haben sie einen tüchtigen
Mann, er hat Washington schon befestigt, und
General Beauregard hätte ihn und Anderson nicht
von hier abziehen lassen sollen, bemerkte der Vice-
Präsident.

Unter Sumters Trümmer hätte man sie, die
beiden ärgsten Feinde des Südens, verschüttten müssen,
fiel Artega ihm zornflammend in das Wort.

Beauregard wollte uns das Fort erhalten,
welches uns von großer Wichtigkeit werden kann,
bemerkte Davis begütigend, und wandte sich nach dem
Eingang in den Saal, indem er sagte:

Sieh, da kommt unser General.

Zugleich mit General Beauregard traten Herr

Weineck und Wallstein in den Saal, Artega ging ihnen entgegen, begrüßte sie höflich, und führte sie zu den Damen.

Weineck hatte ihm heute an der Börse seinen Schwager Wallstein vorgestellt, worauf Artega um dessen Besuch an diesem Abend gebeten hatte.

Herr Wallstein, ein Deutscher, der sich bei uns im Süden eine neue Heimath gründen will, sagte Artega zu den Damen, und nannte ihm nun dieselben bei Namen.

Wallsteins erster Blick wurde von Olympia gefangen genommen, doch riß er sich bei dem Namen Adeline von ihr los, und begegnete den milden, aufglänzenden Augen der Braut seines Freundes Bayard.

Adeline wußte schon von Wallstein's Kommen, sie wußte, daß er der Liebesbote ihres Geliebten war, und aus diesem Grunde hatte sie schon seit einigen Wochen an den Abendgesellschaften hier Theil genommen.

Und doch, wie war sie ergriffen, wie schlug ihr
Herz und wie beklommen athmete sie, als sie Wallstein,
den Freund ihres Hugo's, wirklich vor sich sah!
Sie wagte es nicht, zu ihm aufzublicken, obgleich sie
es bemerkte, daß er zu ihr reden wollte, sie fürchtete,
sich zu verrathen, und mit einem freieren Athemzug
hörte sie ihre Schwester ihn anreden, indem dieselbe
sagte:

Setzen Sie sich zu uns, Herr Wallstein, und
seien Sie uns als neuer Südländer freundlichst willkommen.

Erlaube mir, liebe Olympia, daß ich Herrn
Wallstein erst mit unserm Präsidenten und den anderen Herren bekannt mache, fiel Artega ihr in das
Wort, und geleitete denselben nun zu der Gruppe,
welche sich um Davis gebildet hatte, und stellte ihn
diesem vor.

Der Präsident nahm sichtbarliches Interesse in
einer Unterredung mit Wallstein, sobald er fand, daß
dieser mit den politischen Verhältnissen seines alten

Vaterlandes sehr vertraut war, und auch der Vice-Präsident und General Beauregard gesellten sich zu ihnen und nahmen lebhaften Antheil an der Unterhaltung.

Wallstein aber blickt: wiederholt nach Adelinen hin, und begegnete dann auch jedesmal dem Flammenblick Olympia's, die ihn nicht aus dem Auge zu lassen schien.

Endlich riß Pikens, der Gouverneur von Süd-Carolina, die Unterhaltung mit dem Präsidenten an sich, während welcher Zeit Wallstein erst für einige Augenblicke mit seinem Schwager sprach, und dann sich wieder zu den Damen begab.

Madame Artega und Madame Ramière waren mit zwei älteren Herren in ein Gespräch vertieft, welchem die beiden Schwestern ohne Interesse zugehört hatten, so daß diese, als sie Wallstein herantreten sahen, sich erhoben, und ihm entgegenschritten.

Der schwarze Anzug zeigte Olympia's Gestalt in ihrer vollen Schönheit und Biegsamkeit, und hob noch das blendende Weiß ihres schlanken Nackens und ihrer wundervollen Arme, während seine Farbe vor der ihres Haars und ihrer Augen verblich.

Es entging ihr nicht, daß ihre Erscheinung Wallstein überraschte, und sich ihm entgegenwiegend, hob sie ihre Hand empor, so daß, während sie, wie zufällig, ihre feinen, spitzen Finger auf ihren prächtigen Scheitel drückte, der schwarze Spitzenärmel zurückfiel, und den reizenden Arm entblößte.

Unser Herr Präsident hielt Sie gefangen, sonst würden Sie uns nicht so lange allein gelassen haben, hub Olympia mit der ganzen Leichtigkeit ihrer Laune an, und warf Wallstein mit Blick und Fächer einige Grüße zu, damit er Sie uns aber nicht wieder entführe, so werden wir Sie mit uns nach dem Sopha dort am Ende des Saales nehmen, und uns hinter dem Tischchen verschanzen.

Dabei wandte sie sich nach dem bezeichneten Divan, nahm mit Abelinen Platz darin und bat

Wallstein, sich neben sie in einen Armstuhl niederzulassen.

Sie hatte sich so gesetzt, daß das Licht der Lampe
vor einem der großen Spiegel etwas von der Seite
auf ihr schönes Antlitz fiel, und der Schatten um
ihre Augen deren Glanz noch erhöhte.

Adeline dagegen hatte sich weit im Sopha zurückgesetzt, so daß ihre Schwester es nicht sehen konnte,
wenn sie Wallstein anblickte.

Sie sagen, Deutschland ist Ihr Vaterland —
und ich gestehe Ihnen offen meine große Unwissenheit,
daß ich nicht weiß, wo es liegt, fuhr Olympia in
ihrem scherzenden Tone fort, Sie haben so viele ver-
schiedene Reiche und Nationen dort, daß beinahe jeder
Europäer, den ich hier kennen lernte, aus einem andern
Lande herstammte. Bald nannten sie sich Schwaben,
bald Oldenburger, dann wieder Sachsen oder Wal-
decker, auch Hessen und mitunter auch Preußen, die
größere Zahl aber nannte sich Deutsche, und nun

sagen Sie mir, wo liegt Deutschland? Ich habe es noch auf keiner Landkarte finden können.

Wallstein mußte sich Gewalt anthun, um nicht laut aufzulachen, und sagte:

Das ist ja der Grund, weshalb ich ausgewandert bin, ich selbst wußte nicht, wo es lag.

Sie wußten nicht, wo das Land lag, in welchem Sie geboren sind? fiel Olympia lachend ein, in der That, Sie machen mich auf dieses Wunderreich immer neugieriger. Ich habe auch niemals in Amerika von einem Deutschen Gesandten in Washington gehört, und jetzt kommt die Zeit, wo es für uns Südländer von Wichtigkeit sein wird, Deutschland aufzufinden, da unser Reich mit allen fremden Mächten in politische Beziehung treten muß. In vollem Ernst, Herr Wallstein, wo liegt Deutschland?

Nirgends, Fräulein Olympia, es giebt gar kein Deutschland, antwortete Wallstein mit ernsterem Tone.

Sie sagen ja aber doch, daß Sie ein Deutscher wären, fragte Olympia wieder.

Alle die verschiedenen Völker, oder Nationen, deren Sie soeben erwähnten und noch fünf mal so viele, nennen sich Deutsche, weil sie beinahe eine und dieselbe Sprache reden, sich wenigstens untereinander recht gut verständlich machen können, sie haben aber sämmtlich andere Staatsverfassungen, andere Gesetze, andere Abgaben, andere Gewichte und andere Geldsorten, und namentlich alle gar keine Nationalität, weshalb man im Ausland auch ihr Land nicht als Deutschland kennt.

Und hat denn jedes dieser Reiche einen König? fragte Olympia.

Wenn auch nicht alle Könige haben, so haben sie doch Regenten, antwortete Wallstein.

Es würde ja aber viel billiger sein, wenn sie zusammen nur eine Regierung, eine Verwaltung, eine Gesetzgebung hätten, dann würden sie zusammen ja auch stärker nach Außen sein, versetzte Olympia.

Erlauben Sie, Fräulein Olympia, hat sich Süd-Carolina nicht auf seine Staats-Souverainität berufen, als es allein aus der Union austrat? Ich fürchte, Amerika tritt genau in die Fußtapfen unseres alten Deutschlands, der Süden hat wenigstens schon die ersten Schritte dazu gethan, antwortete Wallstein, sich vergessend, und Olympia blickte ihn überrascht und ernst an, als er schnell lachend fortfuhr:

Es giebt nichts Neues unter der Sonne, in einigen hundert Jahren hat Amerika vielleicht auch seine Kaiser, Könige, Fürsten und Herzöge.

Nun, in einigen hundert Jahren wollen wir es ihm erlauben, nur vor der Hand noch nicht, bemerkte die Creolin beruhigt.

Und eben darum, weil dies hier sobald noch nicht geschehen wird, bin ich hierher gekommen, um einer wirklich großen Nation anzugehören.

Und die fanden Sie hier im Süden, denn ehe das Jahr zu Ende geht, schreiben wir dem ganzen amerikanischen Volke Gesetze vor.

Dabei schwang die Creolin in leidenschaftlicher Begeisterung ihren schneeigen Arm aus dem schwarzen Gewand empor, und die Blitze ihrer Augen ließen den funkelnden Glanz des großen Diamanten ver=bleichen, der als Blume in Silber gefaßt aus dem tiefen Schwarz ihres Haares hervorleuchtete.

Die Reize solcher nie vorher gesehener weiblicher Schönheit, solcher Leidenschaftlichkeit, solches Feuers fesselten Wallsteins Blicke immer fester an die Creolin, und diese, sein Staunen, sein Empfinden gewahrend, ließ plötzlich ihren Arm auf das seidene Kissen des Divans sinken, neigte sich mit ihrer schönen Büste zu Wallstein hin, und sagte, die ganze Gluth ihrer dunkeln Augen auf ihn richtend:

Und in dieser großen Nation des Südens finden Sie Weiber, die ihren Rittern, ihren Helden, süßen Lohn zu spenden im Stande sind.

Mit dem Ton dieser Worte, weich und schwärmerisch, verwogte das wilde Aufflammen ihres Blickes, ihre langen, schwarzen Wimpern senkten sich

wie ermattend, und mit allem Zauber weiblicher Hingebung zu ihm aufschauend, fragte sie:

Nicht wahr, Sie wollen ein braver Südländer
werden?

Dabei erhob sie ihren Arm von dem seidenen
Polster, und hielt ihre Lilienhand seinen Lippen hin.

Wie geblendet, wie träumend, erfaßte Wallstein
die wunderbar schöne Hand, senkte seine Lippen darauf, und sagte:

Wie kann man wollen, wenn man muß?

Sieh, dort kommt unser ritterlicher Freund,
Capitain Staunton, sagte Olympia in demselben Augenblick, zog ihre Hand rasch zurück, und erhob sich mit
den Worten:

Ich überlasse Sie für kurze Zeit meiner schönen
Schwester, Herr Wallstein, warf ihm noch einen be-
deutungsvoll warmen Blick zu, winkte mit ihrem
Fächer nach ihm hin, und glitt majestätischen
Schrittes, links und rechts die Herren zutraulich

grüßend, durch den Saal zu Capitain Stauton, der ihr mit einem Handkusse huldigte.

Gottlob! brach Adeline jetzt ihr bisheriges Schweigen, indem sie rasch den Platz ihrer Schwester einnahm, schnell, schnell, Herr Wallstein, was bringen Sie mir von Bayard, wie geht es ihm, haben Sie Briefe für mich?

Ja, ja, Fräulein, ich habe einen solchen bei mir, antwortete Wallstein, sich aus seinem Rausche ermannend.

So geben Sie ihn mir, neigen Sie sich auf den Tisch vor, damit es Niemand sieht, ich vergehe vor Sehnsucht, seine Zeilen in meiner Hand zu halten!

Dabei sank sie selbst mit ihrem Arm auf den Tisch, drückte ihre kleine Rechte gegen ihr Lockenhaar, und streckte ihre linke Hand gesenkt nach Wallstein aus, der schnell den Brief von Bayard aus seiner Brusttasche nahm, und ihn Adelinen verstohlen reichte.

Ich danke, ich danke Ihnen tausendmal, stammelte das Mädchen glückdurchbebt halblaut hervor, und verbarg den Brief in ihrem Gewand.

Dann sah sie Wallstein mit wonnigem Lächeln und überströmendem Dankgefühl an, und sagte:

O, Sie müssen es mir nachfühlen können, welches Glück Sie mir gebracht haben; der Himmel ist unserer Liebe gnädig, daß er Sie hierherführte! Sein Sie nur vorsichtig, Herr Wallstein, und verrathen Sie mit keinem Wort, keinem Blick, daß Sie ein Unionsmann und daß Sie mit Bayard befreundet sind, um Gottes Willen, es würde Ihnen das Leben kosten.

Seien Sie ohne Sorgen, Fräulein, ich werde sehr auf meiner Hut sein, antwortete er, übrigens habe ich leichtes Spiel, da ich erst so kürzlich von Europa herüberkam und sich Niemand es denken kann, daß ich schon Partei in den politischen Wirren dieses Landes nehmen sollte.

Bei meiner Schwester nehmen Sie sich besonders

in Acht, sie sieht sehr scharf, fuhr Adeline fort, es
fiel ihr schon auf, als Sie zu ihr sagten, daß man
hier in die Fußtapfen Deutschlands treten würde.
Besser, Sie reden gar nicht von Politik, dann kann
sie keinen Argwohn schöpfen. Kommen Sie nun
regelmäßig Abends zu uns, ich werde die Gelegenheit
leicht herbeiführen können, Sie allein zu sprechen —
o, Sie haben mir ja so viel über Bayard mitzutheilen!
Nur darf unser Vertrautsein nicht auffallen, suchen
Sie immer mehr die Gesellschaft meiner Schwester,
als die meinige, lassen Sie sie glauben, daß Sie
ihretwegen zu uns kommen, aber, wie schon gesagt,
meiden Sie die Politik, damit Ihre Sicherheit und
mein Glück nicht gefährdet werden.

Nun mußte Wallstein dem liebenden, treuen
Mädchen von dem Geliebten erzählen, und immer
wieder hatte sie eine Frage über denselben an ihn
zu richten.

Obgleich Olympia nun fern an dem anderen
Ende des Saales bei Stauton saß, und obgleich

Wallstein so recht aus freudigem Herzen Abelinen von seinem Freund erzählte, so zog deren Schwester doch immer wieder seinen Blick zu sich hin, und beantwortete ihn, von Stauton ungesehen, lebendig mit Auge und Fächer.

Herr Wallstein ist ein junger Deutscher, der erst kürzlich von Europa herüberkam, um sich hier im Süden niederzulassen, sagte Olympia zu Stauton, mit gleichgültigem Tone, er ist ein eleganter, fein gebildeter Mann, aus dem wir einen guten Südländer machen müssen.

Und wenn irgend Jemand dieses kann, so sind Sie es, Olympia, nur bitte ich, es nicht auf Kosten Ihrer alten Freunde zu thun, antwortete Stauton scherzend.

Aber Stauton! sagte die Creolin mit einem ernsten Blick des Vorwurfs, ist Ihnen die Treue einer Südländerin so unbekannt?

Nun, der junge Herr ist ganz hübsch, und scheint Gewandtheit im Umgange mit Damen zu haben; er unterhält sich sehr eifrig mit Ihrer schönen Schwester. Außerdem ist es ja von den deutschen Männern bekannt, daß sie viel romantische Schwärmerei besitzen und leicht im Anblick eines schönen Augenpaares schmachten; wo könnte dieser Jüngling wohl schöneren Augen begegnen!

Wahrhaftig, Stauton, sie sind eifersüchtig, versetzte Olympia lachend, das ist der erste wirkliche Beweis Ihrer Liebe für mich. Nun aber muß ich Sie recht ordentlich eifersüchtig machen, damit es Ihnen klar wird, was Ihre Olympia Ihnen werth ist; denn nur bei drohender Gefahr, sein Eigenthum zu verlieren, lernt man dessen Werth kennen.

Ich bitte, das ist durchaus nicht nöthig, denn daß ich Ihre Liebe zu schätzen weiß, habe ich Ihnen reichlich bewiesen, antwortete Stauton, und fügte noch ernster hinzu: man soll nicht mit dem Feuer spielen.

Ach, Scherz, Stauton, und wenn Sie mich mit eigenen Augen in den Armen eines Andern sähen, so dürften Sie dennoch nicht an meiner Treue zweifeln, sagte Olympia mit einem liebeglühenden Blick.

Das würde doch etwas zu Viel sein für die Unerschütterlichkeit meines Glaubens an Sie, besser, Sie stellen mich nicht auf solche Probe, antwortete Stauton mit erzwungenem Lächeln.

Nun Scherz bei Seite, fuhr Olympia fort, wir dürfen den jungen Mann Adelinen nicht überlassen, sie macht einen Unionsmann aus ihm, und er würde leicht die vielen hier wohnenden Deutschen anstecken. Er soll ein guter Südländer werden, und zwar durch Olympia Ramière, und nun lassen Sie mich niemals wieder Eifersucht in Ihnen gewahren, denn darin liegt eine Anklage, eine Herabsetzung gegen mich außer dem Zwang, den ich sicher abwerfe, sobald ich ihn fühle. Was ich nicht freiwillig gebe, lasse ich mir niemals abzwingen. Haben Sie mich nun verstanden, Sie schöner, liebenswürdiger Mann?

Dabei warf sie sich lachend in ihren Sessel zurück, sah Stanton liebewarm in die Augen, und winkte ihm, ihren Fächer gegen ihre Lippen drückend, einen Kuß zu, im nächsten Augenblick aber entfaltete sich der große Fächer vor ihrem schönen Antlitz, und ihr Blick funkelte nach Wallstein hinüber.

Finden Sie es nicht sehr warm hier, hub sie nach einer kurzen Pause, wie an etwas Anderes denkend, an, und ließ den Fächer um ihre Wangen schwirren, stand aber schnell auf, und fuhr, wie zu einem Entschluß gekommen fort:

Lassen Sie uns zu meiner Schwester gehen, ich will Sie mit Herrn Wallstein bekannt machen.

Dann schritt sie stolz an der Seite des Capitains durch den Saal zu Jenen hin, und stellte die beiden Männer einander vor.

Setzen Sie sich an meine Seite, Capitain, sagte sie dann, sich in dem Sopha niederlassend, und zeigte auf einen Stuhl daneben.

Sie haben meiner Schwester gewiß recht interessant aus Ihrem lieben Deutschland erzählt, wandte sie

sich nun an Wallstein, ich behalte mir Ihre Berichte
darüber vor; denn, wie ich Ihnen schon sagte, ich
möchte gern mit seiner politischen Bedeutung bekannt
werden.

Wie ich höre, so wollen Sie bei uns Ihre Hütte
aufschlagen, hub Stauton zu Wallstein gewandt an,
Sie wählten nur leider einen unruhigen Augenblick
dazu. Und doch hat es sein Gutes, denn im Kampfe
um seine Rechte, um seine Ehre lernt man ein Volk
am Leichtesten und am Besten kennen.

Ja, Schade, daß Sie nicht einen Monat früher
hier eintrafen, fiel Olympia ein, da hätten Sie
unsere Männer in dem Kampfe gegen Fort Sumter
bewundern können. Schon nach zwei Tagen mußte
diese fast uneinnehmbare Veste sich ergeben, und die
stolze Flagge der Union fiel von ihrer Höhe herab.

Ich las in einer Zeitung, daß ein Capitain
Bayard sie wieder aufgepflanzt habe, bemerkte Wallstein mit Unbefangenheit, wobei ihm Adeline einen
ängstlichen Blick zuwarf.

Das ist richtig, doch noch am selbigen Abend mußte Major Anderson sie herabnehmen, antwortete Olympia rasch.

Und dann stand auch in der Zeitung, daß Anderson sie vor seinem Abzug wieder aufgezogen und sie mit fünfzig Kanonenschüssen salutirt habe, versetzte Wallstein ebenso unbefangen.

Wir erlaubten ihm dies Komödienspiel, man muß den Kindern den Willen thun, damit sie nicht weinen, entgegnete Olympia spöttisch, und Wallstein war im Begriff, noch einmal darauf zu antworten, als Adeline, ihn flehend ansehend, schnell das Wort ergriff, und sagte:

Ich hoffe, daß bald wieder der Engel des Friedens durch unser schönes Land ziehe, damit Sie in Ruhe sich bei uns eine Heimath schaffen können. Es wird Ihnen sicher hier gefallen, das Klima ist so herrlich und die Natur so freigebig.

Da trat einer der Diener zu dem Tisch, und bot Champagner dar.

Die conförderirten Staaten sollen leben und
über ihre Feinde siegen! sagte Olympia begeistert, indem sie sich zu Wallstein wandte und ihr Glas erhob, während er das seinige zögernd ergriff, da fiel
Abeline schnell ein:

Und auch Sie und Ihre Freunde sollen leben,
Herr Wallstein, worauf dieser sein Glas in einem
Zug leerte.

Der Abend verstrich, die verschiedenen Gruppen,
in welche die Herren sich zusammengesetzt hatten,
lösten sich, und eine allgemeine Bewegung zeigte an,
daß die Gesellschaft sich ihrem Ende nahe.

Auch an dem Tische, wo Wallstein saß, hatte
man sich erhoben, als Präsident Davis und General
Beauregard herzutraten, und Ersterer freundlich zu
ihm sagte:

Es war mir sehr angenehm, Sie kennen zu
lernen und Sie zugleich als einen neuen Bürger
unseres Landes zu begrüßen, ich hoffe, während meines
Aufenthaltes hier noch öfters das Vergnügen zu haben,

mit Ihnen zusammen zu sein; Ihre Mittheilungen über die politischen Verhältnisse Deutschlands, namentlich Preußens waren mir äußerst interessant.

Auch ich wünsche sehr, Sie wiederzusehen, Herr Wallstein, vielleicht gönnen Sie mir die Ehre Ihres Besuchs in meinem Hotel, nahm General Beauregard mit einer höflichen Verbeugung das Wort, da Sie selbst in dem Heere des Mustermilitairstaates Preußen gedient haben, so können Sie mir viele sehr wünschenswerthe Auskünfte über dessen Organisation ertheilen.

Wallstein erklärte sich mit gleicher Höflichkeit gern bereit, die Wünsche der Herren zu erfüllen, und erwiederte die artigen Worte, mit denen sie sich ihm empfahlen.

Während sie sich nun auch bei Olympia verabschiedeten, glitt Adeline an Wallsteins Seite, und sagte:

Morgen Abend, wenn die Sonne sich neigt, erwarte ich Sie, aber nochmals, ich bitte Sie, Herr Wallstein, sein Sie vorsichtig.

Der Saal leerte sich schnell, und unter den letzten Gästen, die sich empfahlen, waren Weineck und Wallstein.

Betrachten Sie sich bei uns zu Haus, Herr Wallstein, Sie sind uns zu jeder Zeit freundlichst willkommen, sagte Madame Artega zu ihm beim Abschied, und auch ihr Gatte bat ihn um seinen häufigen Besuch.

Olympia war die Letzte, welche ihn entließ, sie reichte ihm mit den Worten ihre Hand:

Vergessen Sie nicht, weshalb Sie mir sagten, daß Sie ein guter Südländer werden müßten! Auf Wiedersehen!

Adeline verneigte sich mit einem freundlichen, dankbaren Blick gegen Wallstein, und winkte ihm noch in der Thür einen Gruß mit ihrem Fächer zu.

Zweiundzwanzigstes Kapitel.

Der Heimweg. Der Vorschlag. Der Morgen. Der Empfang.
Die Rivalen. Schlauheit. Die Wasserfahrt. Geheuchelte
Liebe. Politik. Das gelöste Haar. Besiegt.

Es war gegen Mitternacht, als Wallstein mit
seinem Schwager bei dem Schein der Pechtöpfe aus
Artega's Einfahrtsthor trat, und der Stadt zu-
schritt.

Verrathe um des Himmels Willen nie mit
einem Worte, daß Du Fort Sumter vertheidigen
halfest, es würde Dich und auch mich in die größte
Gefahr bringen, sagte Weineck im Dahinschreiten, wir
Deutschen hier stehen so schon im Verdacht, daß wir

es mit der Union halten. Und laſſe Dich überhaupt in keiner Weiſe in Politik ein, man erwartet es ja gar nicht von einem ſoeben hier eingetroffenen Ausländer.

Beruhige Dich, Weineck, antwortete Wallſtein, ich werde meine Theilnahme an der Vertheidigung des Fortes Niemandem erzählen, und wer mich bei unſerem Abzug geſehen hat, erkennt mich nicht wieder, denn Beauregard und ich, wir haben uns damals groß angeſchaut, und doch hat er mich nicht wieder erkannt.

Correſpondire auch nicht mit dem Norden, namentlich nicht mit Bayard, mit dem Du ſo befreundet biſt, man möchte Deine Briefe öffnen, und Bayard iſt erſchrecklich verhaßt hier; man könnte Dich für einen Spion halten, ſagte Weineck wieder.

Nein, nein, ſei unbekümmert, verſetzte Wallſtein ausweichend, und fuhr nach einigen Augenblicken fort:

Ich habe unter Schweſtern niemals ſo große

Verſchiedenheit des Characters geſehen, wie in den Töchtern Ramières, die jüngſte ganz Milde, Anmuth und Hingebung, und die älteſte ganz Leidenſchaft, Willenskraft und Unabhängigkeit.

Und Beide ſind wunderbar ſchön und werden einſt ein ungemeſſenes Vermögen erhalten, antwortete Weineck, ihr Onkel, der alte Artega hat vor einigen Tagen der Regierung eine halbe Million Dollars zur Verfügung geſtellt und auch vor Kurzem einen Piraten ausgerüſtet, der jetzt an unſerer Küſte ſein Unweſen treibt; derſelbe ſchießt alle nordiſchen Kauf- fahrer, die er antrifft, in den Grund. Artega will ſeinen Sohn rächen, den die Beſatzung von Fort Sumter getödtet haben ſoll.

Das iſt eine Unwahrheit, denn an jenem Abend als der Mulatte Guido zu uns in das Fort kam, war Niemand von der Beſatzung abweſend, entgegnete Wallſtein, ich wollte, ich könnte den Alten davon über- zeugen, daß es von unſerer Seite nicht geſchehen iſt.

Mache nur keinen dummen Streich, fiel Weineck

schnell ein, lasse den Alten denken, was er will, was geht es Dich an.

Wird sein Denken nicht vieler unschuldiger Menschen Leben kosten? sagte Wallstein.

Dafür ist es Krieg, und wer nichts damit zu thun hat, der mag seine Hände aus dem Spiele lassen, will er nicht selbst in die Wirren hinein-gezogen werden. Ich fürchte ohnedem, daß sie schließ-lich noch fordern, man solle Soldat werden, wofür ich gehorsamst danke. Kommt es dazu, so werde ich mich mit den Meinigen, so lange der Krieg dauert, in das Ausland begeben und Dich mitnehmen.

Wallstein antwortete nicht, und schweigend und ihren eignen Gedanken folgend, waren sie eine Zeit lang vorwärts geschritten, als Weineck wieder anhub:

Du solltest Dir eine von Ramièrens Töchtern aussuchen, dann würdest Du Dich gut betten; mein Geschmack wäre Adeline, doch Olympia ist schöner.

Ja, sie ist sehr schön, versetzte Wallstein halb

in Gedanken versunken, ging aber nicht weiter auf den Vorschlag seines Schwagers ein.

Dennoch kam Olympia nicht aus seinen Gedanken, der Kuß auf ihre Hand gedrückt, brannte noch immer an seinen Lippen, und ihre süßen Worte tönten noch immer in seiner Seele nach.

Namentlich aber, als er in seines Schwagers Haus sich in seinem Zimmer allein befand, trat das Bild der Creolin wieder mit allen Reizen, allem Zauber vor sein geistiges Auge, und fachte die in ihm aufkeimende Leidenschaft mehr und mehr an. Zugleich aber sah er die unübersteigliche Kluft, die zwischen ihnen lag, sie, die enragirte Feindin aller Nordländer, und er der Unionsmann mit ganzer Seele!

Wäre es möglich, sie umzuwandeln, sollte die Liebe es vermögen, ihren Haß gegen die Union zu dämpfen und sie wenigstens unpartheiisch zu machen? Das war die Frage, die Wallstein sich mit „Nein" beantwortete und sich doch immer wieder stellte; denn, daß sie für ihn fühlte, daran konnte er nicht zweifeln, wie wäre sonst ihr auffallend zuvorkommendes, liebewarmes Benehmen gegen ihn nur denklich gewesen!

Lange noch schritt er von seiner Aufregung getrieben, in dem Zimmer auf und nieder, und als der Schlaf ihm auf seinem Lager die Augen schloß, umgaukelte ihn das Zauberbild der feurigen Creolin in seinen Träumen.

Kaum aber erglühte am folgenden Morgen der östliche Himmel über dem Ocean, als Wallstein schon sein Lager verließ, und bei dem ersten Blick der aufsteigenden Sonne eilte er hinaus in die frische, kühle Luft, um sich von der drückenden Zimmerschwüle zu erholen. Wohin er blickte, sah er die nachtschwarzen Augen und die brennend rothen Lippen Olympia's wieder vor sich, und immer wieder war es ihm, als hielte sie ihm ihre schöne Hand zum Kusse entgegen.

Er eilte, um besser die Morgenkühle zu genießen, aus der Stadt, und plötzlich sah er den Pallast Artega's vor sich auf dem Hügel.

Der Zufall führte ihn hierher, und an den Reihen der Fenster vorüberblickend, dachte er, hinter welchem derselben die schöne Olympia wohl ruhen möge — denn sicher hielt sie der Schlummer noch kosend in seinen weichen Armen.

Alles umher war Ruhe und Friede, Wallstein fiel unwillkürlich der Friedensengel ein, den Adeline Gestern herbeigewünscht hatte, dann aber sah er plötzlich Olympia im Geiste vor sich mit der Kriegsfackel und dem Schwert in der Hand.

Wenn es doch möglich wäre, einen Theil der Sanftmuth, der Milde ihrer Schwester auf sie zu übertragen!

Der Gedanke an Adelinen stimmte seine Seele mit der Natur um ihn her in Einklang; wie ruhig lag das Meer zu seinen Füßen, wie leicht und friedlich schwebten die weißen Möven über der duftigen Fluth und wie süß zwitscherten die kleinen blauen Vögel ihre Morgenlieder.

Welch ein wunderbar schönes Land ist dieses,

dachte Wallstein, und welch ein Paradies würde es ihm an der Seite eines so heiß liebenden Engels, wie Olympia, werden!

Sie mußte sicher, wenn sie ihn wirklich liebte, ihre politische Schwärmerei aufgeben, denn die Liebe war ja das mächtigste aller Gefühle in des Menschen Brust, und namentlich in ihr mußte es überwiegend stark sein, sonst hätte sie ihm, einem Fremden, nicht gleich so entgegenkommen können!

Und wie würde sein Freund Bayard sich freuen, wenn Wallstein in Olympia der Union eine so mächtige Feindin unschädlich gemacht hätte, vielleicht ließ sich durch ihren begütigenden Einfluß auch ihr Onkel milder stimmen!

Mit solchen Gedanken, solchen Träumereien schaute Wallstein nach den Fenstern des Pallastes hinauf, und sehnte den Abend herbei, wo er Olympia wieder in die Zauberaugen blicken würde.

Dann schritt er, seine Luftschlösser noch

höher aufbauend, nach der Stadt zurück, und
verbrachte dort den Tag mit Verlangen nach dem
Abend.

Endlich neigte sich die Sonne, Wallstein drückte
seinen breitrandigen Strohhut auf seine prächtigen
Locken, und schritt mit übersprudelnder deutscher
Lebenskraft, die reizenden Gebilde seiner Phantasie
vor sich aufthürmend, nach Artega's Besitzung hin.

Als er durch das Einfahrtsthor in den Park trat,
breitete dieser sich mit seinen Palmen, seinen Myrthen,
Juccas und unzähligen andern Tropenpflanzen vor
seinem erstaunten Blicke aus, und in Gedanken sah
er die schöne Südländerin an seiner Seite unter ihnen
umherwandeln.

Er eilte um das Haus nach dessen anderer Seite,
und blickte spähend durch das graziöse Laubgewinde,
welches die Veranda überschattete, da glänzten die
dunkeln Augen Olympia's zu ihm her, und sie selbst
eilte ihm auf die Treppe entgegen.

So schön, wie jetzt, war sie am Abend vorher

doch nicht gewesen! In ein luftigeres, leichteres Gewand gehüllt, schien ihre biegsame hohe Gestalt zu
schweben, auf ihren alabasterweißen Wangen lag ein
Anflug von Purpur, zwischen ihren lächelnden, granat-
rothen Lippen glänzte der Schnee ihrer prächtigen
Zähne, ihre Augen strahlten Feuer und Lust, und
Wallstein ihre reizende Hand hinhaltend, sagte sie mit
süßer, melodischer Stimme:

Sie müssen und sollen ein guter Südländer
werden!

Das bin ich bereits, schönes Fräulein, der
reizendste Engel des Südens hat mich dazu gemacht,
antwortete Wallstein von Leidenschaft hingerissen, und
drückte berauscht seine Lippen auf die Hand der
Creolin.

O, Sie liebenswürdiger, deutscher Schwärmer,
nehmen Sie sich in Acht, daß dieser Engel Sie nicht
beim Worte hält, er möchte mehr Gehorsam von
Ihnen fordern, als Sie zu gewähren Willens sind,
sagte Olympia mit weichem, bittendem Tone, und sah

ihm, mit dem Fächer drohend, lächelnd · in die glück-
strahlenden Augen.

Gebieten Sie über Ihren Sclaven, Fräulein
Olympia, versetzte Wallstein rasch, und suchte nach
weiteren Worten, denn das Glück, welches so plötzlich
ihm entgegenkam, nahm ihm für den Augenblick alle
Herrschaft über sich selbst.

Die Creolin erkannte jedoch mit einem Triumpf
seine Verwirrung, dämpfte ihre Stimme noch mehr,
sah ihm noch seelenvoller in die Augen, und
sagte:

Fürchten Sie nicht, die Liebe giebt eben so gern,
wie sie hinnimmt. Kommen Sie, mein neuer Freund
und Bundesgenosse, man wird sich über Ihr Wort-
halten freuen, wenn auch nicht in dem Maaße, wie
die unabhängige Olympia, der Sie es nicht verargen
müssen, wenn sie ihrem Gefühl keine Gewalt anthut;
sie ist nun einmal eine ächte Südländerin.

Dabei glitt sie, ohne Wallsteins Antwort abzuwarten, unter der Veranda vor ihm hin nach der

anderen Seite des Hauses, wo unter diesem schützen-
den, grünen Dache die Familie außer Herrn Artega
mit dem Hausfreund Capitain Stauton zusammensaß.

Hier bringe ich unsern jungen Südländer, sagte
sie heitern Tones zu den in Schaukelstühlen Ruhen-
den, worauf diese sich erhoben, und Wallstein freundlichst
willkommen hießen.

Adeline sagte am Wenigsten, ihr Blick aber
sprach es deutlich aus, daß ihre Freude über sein Erscheinen die innigste, die aufrichtigste war.

Stauton zeigte sich zuvorkommend höflich gegen
Wallstein, es lag aber etwas Gezwungenes in seiner
Freundlichkeit, etwas, wie ein leiser Mißton in einer
Melodie.

Und Wallstein würde es lieber gewesen sein,
wenn er diesen guten Freund Olympia's nicht hier
getroffen hätte, kurz, sie sagten sich einander artige
Worte, im Herzen aber wünschte Einer den Anderen
fort, und einige Male kreuzten sich ihre Blicke ziem-
lich ernst.

Die Sonne verſank, der Abendhimmel glühte, und ein friſcher Wind zog labend vom Ocean her über das Land; da erhob ſich Olympia, indem ſie zu ihrer Schweſter ſagte:

Wie wäre es, Abeline, wenn wir unſeren Rittern eine Waſſerfahrt vorſchlügen? Der Abend iſt ſo herrlich.

Sehr gern, Olympia, antwortete Abeline mit einem freudigen Blick nach Wallſtein, und trat an deſſen Seite, denn Olympia ſchritt ſchon mit dem Capitain voran in den Garten hinab.

Wie freue ich mich, daß Sie gekommen ſind, Herr Wallſtein, nun ſollen Sie mir auch recht viel von Hugo erzählen. Wir werden in einem Nachen zuſammen allein ſein, da meine Schweſter ſich von dem Capitain fahren laſſen wird.

Gern, ſehr gern, Fräulein Abeline, Bayard trug mir ja ſo Vieles Ihnen zu ſagen auf — wenn ich mich nur ſogleich auf Alles beſinnen kann, antwortete Wallſtein verwirrt und mit einem unfreundlichen

Blick nach Stauton hin, doch Adeline bemerkte dies in ihrer Freude nicht, ließ nun schnell Frage auf Frage folgen, und verkürzte ihren Schritt, um ihrer Schwester und Stauton nicht zu nahe zu kommen, während Wallstein im Gegentheil sich augenscheinlich bemühte, dieselben zu erreichen.

Der Weg nach dem Flusse aber war nicht weit, und als Adeline mit ihrem Begleiter die Treppe erreichte, harrte ihre Schwester dort mit dem Capitain.

Ihr wandelt ja, wie ein Paar Verliebte, kommt, die Zeit ist kostbar, rief ihnen Olympia zu, und ging nach der letzten Stufe hinab, vor welcher sich zwei kleine Nachen und auch ein zierliches Segelschiffchen auf dem Flusse schaukelten.

Capitain, Sie sollen mich fahren, und Adelinen vertrauen wir der Sorge des Herrn Wallstein an, sagte Olympia zu Stauton, und hieß ihn, in einen der Nachen treten, warf aber in demselben Augenblick Wallstein einen bedeutungsvollen, glühenden Blick zu, während dieser mit Abelinen die Treppe herabschritt und getäuschte Hoffnung auf seinen Zügen lag.

Sie verstehen doch auch, einen Nachen zu rudern, Herr Wallstein? fuhr die Creolin fort, schüttelte aber dabei leise ihr Haupt, damit er ihr eine verneinende Antwort geben möge.

Ich bekenne meine vollständige Unerfahrenheit darin, ich habe niemals in meinem Leben einen Nachen gerudert, antwortete Wallstein schnell, den Wink Olympia's verstehend.

Ja, allerdings, wenn dies der Fall ist, so darf ich Ihnen meine Schwester nicht anvertrauen, versetzte Olympia, komm Abeline, so mußt Du Dich von Capitain Stauton fahren lassen, und ich will mit Herrn Wallstein das Segelboot besteigen, das verstehe ich selbst zu lenken.

Dabei hatte sie, ohne eine Antwort abzuwarten, Abelinens Hand ergriffen, zog sie nach dem Kahn, in welchem Stauton Platz genommen und die Ruder ergriffen hatte, und sprang nun Wallstein voran in das Segelboot, indem sie scherzend ihm zurief:

Kommen Sie herein, ich werde Ihnen Unterricht im Segeln ertheilen.

Stauton sowohl, wie auch Adeline machten bestürzte, verlegene Mienen, sie fühlten sich Beide durch Olympia überlistet, doch was konnten sie thun? Stauton sagte zu Adelinen einige Worte der Freude, die ihm durch ihre Gesellschaft zu Theil würde, und auch Adeline fügte sich in ihr unangenehmes Geschick, indem sie dem ihr zugetheilten Gefährten im Voraus für die Mühe dankte, welcher er sich ihretwillen unterziehen wolle.

In wenigen Augenblicken hatte Olympia das Segel losgebunden und entfaltet, und reichte Wallstein dessen Leine mit den Worten hin:

Schlingen Sie das Seil um jenen Haken, und ziehen Sie das Segel an, ich will das Schiff schon lenken.

Dabei ließ sie sich bei dem Steuer nieder, und

fort glitt das Schiffchen unter dem leichten Druck des Windes, dessen Macht hier, so nahe dem hohen Ufer, noch nicht sehr zur Geltung kam. Zugleich setzte Stauton seinen Kahn mit den Rudern in Bewegung, und trieb ihn an die Seite des Segelbootes, so daß man die gemeinschaftliche Unterhaltung fortsetzen konnte.

Der Nachen war zufällig dem Segelboot um die Hälfte seiner Länge vorangekommen, als Olympia lächelnd zu Stauton sagte:

O, Sie müssen hübsch bei uns bleiben, so schnell wie Sie rudern, können wir Ihnen mit unserm kleinen Segel nicht folgen.

Dabei aber warf sie einen übermüthigen Blick nach Wallstein hin, und sagte lachend:

Ziehen Sie das Segel straffer an, sonst entführt Capitain Stauton mein reizendes Schwesterchen.

Wenn nur Sie uns nicht durchgehen, Fräulein Olympia, ich werde Sie sicher nicht verlassen, antwortete Stauton mit halb ernstem Tone, worauf die Creolin in ihrem Scherz fortfuhr:

Und ich bekenne es Ihnen offen, könnte ich dem Winde gebieten, so jagte ich mit unserm Schiffchen wie ein Delphin über die Fluth davon, damit mich Ihr Ernst nicht mehr in meiner frohen Laune stören könnte, wie oft soll ich es Ihnen noch sagen, daß ich Sie für jede Wolke auf Ihrer Stirn bestrafen werde?

In diesem Augenblick hatten sie sich so weit von dem Ufer entfernt, daß der Wind das Segel mit voller Kraft erfassen konnte und sich fest hin- einlegte.

Sehen Sie, wie auch der Wind mir huldigt, Capitain? rief Olympia jubelnd aus, nun leben Sie wohl, und unterhalten Sie meine Schwester recht hübsch.

Dabei schoß das Schiffchen pfeilschnell über die spielenden Wogen davon, und ließ den Nachen weit hinter sich zurück.

Auf Wiederſehen, Capitain Stauton! rief die Creolin nochmals, und winkte ihm lachend ihr Lebewohl zu.

Sehen Sie nun, Herr Wallſtein, daß Sie mir Unrecht thaten, als Sie Ihre Brauen zuſammenzogen, und glaubten, ich würde mich wirklich von dem Capitain fahren laſſen? hub ſie jetzt, ſich zu Wallſtein wendend, mit ſüßem Lächeln an, und legte zutraulich ihre Hand in die ſeinige.

Wenn nun auch die Art und Weiſe, in welcher Olympia ihr Zuſammenſein mit Wallſtein herbeigeführt hatte, dieſem an und für ſich nicht gefiel, ſo hatte ſie es doch zu ſeinen Gunſten gethan, und das berührte ihn angenehm, das zeigte ihm, daß er ihr mehr werth war, als jener Capitain, und ſprach es deutlich aus, daß ſie ihm wirklich gewogen, wirklich gut ſei.

Zum Ueberlegen, zum Nachdenken aber ließ ihm der überwältigende Zauber der Creolin auch gar keine Zeit, das Gefühl herrſchte, und von Leidenſchaft hingeriſſen, erfaßte er ihre Hand, preßte ſie gegen ſein Herz, und ſagte ſtürmiſch bewegt:

O, womit habe ich ſolches Glück, ſolche Seligkeit verdient, himmliſche Olympia!

Der Urſprung der Liebe läßt ſich nicht mit Worten nennen — ich mußte Ihnen gut ſein von dem Augenblick an, als Sie zuerſt vor mich traten, antwortete dieſe, weich und mild ſich mit ſchwärmeriſchem Blick zu Wallſtein hinneigend, und dieſer wollte ſeinen Arm um ſie ſchlingen, als ſie ſich raſch nach dem ſchon fernen Nachen umſchauend, ſagte:

Ziehen Sie das Segel feſter an, damit wir ſchneller fahren, man kann uns noch von dem Boote her beobachten.

Dabei blitzten und funkelten ihre Augen, und Wallſtein zog das Segel ſo ſtraff an, daß es den Maſt des Schiffchens beugte.

Rauſchend und ſchäumend hoben ſich die Wogen vor dem ſcharfen Kiel des leichten Fahrzeuges, und ſprühten ihren ſilbernen Regen an deſſen Seiten vorüber, und mit dem weißen Segel winkend und nickend, glitt das Schiffchen wie im Fluge über die dunkelnde Fluth, auf der sich das glühende Roth des Himmels spiegelte.

Der Abend brach schnell herein, das Bild des sichelförmigen Mondes tanzte auf den Wellen, und bald war der Nachen vor Olympia's Blick in dem Düster der Ferne verschwunden.

Noch einmal spähete sie nach ihm zurück, dann erhob sie sich rasch, und sagte:

Nun wollen wir unsere Segel einziehen, uns von den Wogen schaukeln lassen, und träumen, daß die Welt um uns unerreichbar wäre; ist es nicht schön, ist es nicht reizend hier?

Ein Himmel, ein Paradies! antwortete Wallstein, die Hand der Creolin küssend, und band dann eilig das Segel an dem Maste fest.

Dabei heftete sich Olympia's Blick immer fester, immer brennender auf den liebebewegten Jüngling, und als er das Segel befestigt hatte und sich nach ihr

hinwandte, öffnete sie ihre Arme, und sank mit den
Worten: Warum muß ich Dir so gut sein — Du
lieber Mann! an seine Brust.

In einem Rausche nie gefühlter Wonne vergaß
Wallstein, daß er die geschworene Feindin der Union
und seines Freundes Bayard in seinen Armen hielt,
er dachte nicht daran, daß er der Union angehöre,
und daß er durch sein Verhältniß zu Olympia mit
sich selbst, mit seiner Ueberzeugung, seinen Verpflich-
tungen in Widerspruch gerathen könne, er dachte überhaupt an Nichts weiter, als an das Glück des Augenblicks, und hätten sämmtliche Batterien um Fort Sumter
wieder ihre Blitze nach ihm geschleudert, sie würden
ihn nicht aus seinen seligen Träumen haben auf-
schrecken können.

Die Creolin selbst aber war es, die ihn
weckte und ihn der Wirklichkeit wieder gab, indem
sie sagte:

Ich glaube den Schwüren Deiner Liebe, Deiner
Treue, Du schöner, starker Mann; gelten sie aber

auch meinem Volke, gehörst Du auch mit Leib und Seele den Südländern, und wirst Du für deren Wohl, für deren Freiheit und Ehre kämpfen?

Ein kaltes Sturzbad hätte nicht ernüchternder auf Wallstein wirken können, als diese Worte, welche die Creolin schmeichelnd und bittend sagte; indem sie zugleich ihre Alabasterfinger auf seine Schulter legte, und ihm verlangend in die Augen schaute.

Aber, theure Olympia, was hat denn unsere Liebe mit der Politik zu thun? antwortete Wallstein nach augenblicklicher Pause ausweichend.

Mein Vaterland, mein Volk steht mir höher, als meine Liebe, und ich würde sie ihm opfern, und wenn mein Herz sich darüber verbluten müßte, fuhr Olympia liebkosend fort, von Dir kann ich es ja noch nicht verlangen, daß Dir Deine neue Heimath schon so lieb, so theuer wäre, sie soll es Dir aber werden, die Liebe Deiner Olympia soll Dein Herz für sie entflammen.

Du bist in Deutschland schon Soldat gewesen,

ich hörte Beauregard sagen, daß es ihm wünschens-
werth sei, mit Dir über die Organisation der deutschen
Heere zu reden, und Du kannst Dich sicher durch
Deine Kenntnisse um unser Reich verdient machen.
Beauregard wird Dir auch gewiß eine ehrenvolle
Stellung geben, und Dir Gelegenheit verschaffen, Dich
auszuzeichnen.

Warum denn aber in diesem Augenblick unser
Glück durch Politik stören, beste Olympia, wir können
ja jederzeit darüber reden, entgegnete Wallstein wieder
abwehrend.

Meine Liebe für Dich und meine Liebe für
mein Volk sind Eines und unzertrennbar, und Dein
Wort zu Gunsten desselben thut meinem Herzen eben
so wohl, wie Dein Liebesschwur, Dein glühender
Kuß. Komm, laß mich zu Dir reden, Du weißt
es, Du mußt ein guter Südländer werden,
fuhr die Creolin noch zärtlicher fort, und schmiegte
sich Wallstein noch fester an die Brust.

Dein Schwager ist ein sehr reicher Mann, er

hat großen Einfluß unter den Deutschen in unserem Lande, und er vermag sehr viel für unsere Sache zu thun. Er nimmt aber bis jetzt noch keinen Antheil daran, er ist noch in keiner Volksversammlung erschienen, er hat noch keinen Dollar auf den Altar des Vaterlandes gelegt, Du kannst ihn für unsere Sache gewinnen, kannst ihn dafür begeistern, und ihm werden die andern Deutschen sicher folgen. Ist Olympia's Liebe Dir nicht so viel werth, daß Du etwas darum für ihr Volk thust, dem Du selbst angehören willst?

Bei diesen Worten hob sie ihren Arm empor, und legte ihn zärtlich um Wallsteins Nacken, unbemerkt von ihm aber hatte sie bei dieser Bewegung den silbernen Pfeil, der ihr prächtiges Haar zusammenhielt herausgezogen, so daß dasselbe wie zufällig über ihre Schulter und ihren Busen herabfiel und ihren Schooß und die Bank, auf der sie saß, bedeckte.

Wie ein zündender Funke traf Wallstein dieser Anblick des reizend schönen Weibes, aller Gewalt

über sich beraubt, warf er sich ihr zu Füßen,
und rief:

Alles, Alles, was Du willst, was Du mir be-
fiehlst, werde ich thun, nur sei mein, göttliche
Olympia, sei mein!

Dein mit was ich bin, was ich habe, ich schwöre
es, antwortete die Creolin, wie von höchster Leidenschaft hingerissen, der Tag, der den vollkommenen
Sieg des Südens, dessen gesicherte Freiheit und
Selbstständigkeit verkündet, soll der unserer Vereinigung
sein. Nun thue das Deinige, um ihn bald herbei-
zuführen.

Dabei zog sie Wallstein empor an ihr Herz,
und besiegelte ihren Schwur mit glühenden Küssen.

Dann aber wandte sie sich schnell nach dem
Mast, ergriff das Segel, und sagte:

Es ist hohe Zeit, daß wir zurückfahren, Stauton
und meine Schwester werden sich wohl nicht
lange des Glückes ihres Zusammenseins erfreut
haben.

Wallstein löste schnell das Segel und spannte es straff gegen den Wind, Olympia hatte eilig ihr Haar wieder geordnet und befestigt, und ergriff das Steuer, worauf das Schiffchen pfeilschnell über die Wogen dahin den Aßleyfluß hinaufschoß.

Dreiundzwanzigstes Kapitel.

Falschheit. Eifersucht. Verblendung. Die Promenade. Der
Pedlar. Grausamkeit. Entsetzen. Der Seelenkampf. Die
Leidenschaft.

Fast zu gleicher Zeit mit Stauton und Adelinen
erreichten Wallstein und Olympia die Treppe am
Flusse, und diese rief denselben zu:

Schade, daß Ihr nicht auch ein Segelboot hattet,
es war eine prächtige Fahrt, der Wind wehte so
frisch und erquickend, und die Wogen draußen in
der Bay wiegten das Schiff so reizend auf und
nieder.

Dann sprang sie mit den Worten aus dem
Boote: „Herr Wallstein, geben sie meiner Schwester

Ihren Arm", und eilte bei dieser vorüber die Stufen hinan zu Stauton, welcher dieselben schon erstiegen hatte.

Kommen Sie, Capitain, lassen Sie uns hierher gehen, sagte sie zu diesem, indem sie ihren Arm in den seinigen schlang, und ihn auf einem Seitenweg in die dunkeln Schatten der Bäume führte, durch welche das bleiche Licht des Mondes nur spärlich herabfiel.

Stauton gab ihr keine Antwort, doch die Creolin fuhr rasch fort:

Keine von Ihren eifersüchtigen Launen wieder, Stauton, das bitte ich mir aus! Benehmen Sie sich nicht kindisch, und machen Sie sich nicht selbst ein so schlechtes Compliment, daß Sie sich gegen diesen unbedeutenden Menschen zurückgesetzt fühlen können; die Beweise meiner Liebe, die ich Ihnen gab, sollten doch so thörichten Verdacht von Ihnen fern halten. Was schadet es Ihnen, wenn ich diesem jungen Mann eine anscheinende Auszeichnung zuwarf, um ihn für unsere gemeinschaftliche Sache zu gewinnen? Sie wissen, sein Schwager ist ein sehr reicher Mann und ein Mann von großem Einfluß auf die vielen Deutschen in unserer Nähe, deren Stimmung für, oder gegen uns bis jetzt noch sehr zweifelhaft war.

Wenn Sie Ihre Gunst auch nur zum Scheine einem Andern spenden, so setzen Sie mich dadurch vor ihm herab, antwortete der Capitain mürrisch.

Und woher weiß es denn jener Andere, daß ich Ihnen angehöre, fiel ihm die Creolin schnell in das Wort, komm, Stauton, zeige mir durch Dein unbedingtes Vertrauen, daß Du meiner Liebe werth bist, fuhr sie schmeichelnd fort, und schlang ihren Arm um den erzürnten Mann, kannst Du Deine treue Olympia so sehr verkennen?

O, Du böses, süßes Weib, Du weißt es ja, daß es nur meine grenzenlose Liebe für Dich ist, die mich eifersüchtig auf jedes Deiner Worte, auf jeden Deiner Blicke macht, bringe mich doch nicht zur Verzweiflung, antwortete Stauton jetzt, von dem Zauber des reizenden Mädchens wieder überwältigt, und preßte sie stürmisch an seine Brust.

Närrchen, und doch willst Du Deine Olympia manchmal nicht lieb haben, und willst ihre Küsse vergessen! flüsterte die Creolin, sich in seine Arme windend, und hob ihre süßen Lippen zu seinem Munde auf.

Es war recht bös von meiner Schwester, daß sie uns trennte, sagte Adeline zu Wallstein, als sie neben ihm in dem Schatten der Palmen hinwandelte, ich hatte mich so sehr darauf gefreut, mit Ihnen allein zu sein und mir von Bayard erzählen zu lassen. Morgen Abend jedoch werde ich mit Ihnen in dem Segelboote fahren, ich verstehe es ebenso gut, wie Olympia, dasselbe zu lenken.

Wallstein war in so großer Aufregung und in solcher Verwirrung, daß er kaum hörte, was Adeline sagte, und daß er ihr nur einige unzusammenhängende Worte darauf entgegnete. Er sah im Geiste die schöne Creolin mit gelöstem Haar vor sich, er hörte ihre süßen Worte, und fühlte ihre glühenden Küsse, dann aber dachte er wieder an ihre berechnende Politik, und schließlich warf der Gedanke, daß sie jetzt mit dem Capitain sich in die Schatten des Parkes davon geschlichen hatte, seine Luftschlösser in Trümmer zusammen.

Es war ein Gemisch höchster Seligkeit und folternder Zweifel, welches seine Seele so stürmisch bewegte, und er wußte nicht, ob er das Mädchen verehren und anbeten, oder verachten und hassen sollte.

Adeline richtete im Dahinschreiten mehrere Fragen an Wallstein, die er ihr aber so ungenügend beantwortete, daß ihr seine Zerstreutheit auffiel, worauf sie ihn verwundert anschaute, und sagte:

Sie denken an etwas Anderes, Herr Wallstein, hat Olympia vielleicht Versuche gemacht, Sie für den Süden zu werben?

Wallstein fuhr halb erschrocken aus seinen

Träumen auf, sah Adelinen überrascht an, und antwortete verlegen.

Sie versuchte es allerdings, mich von dem Rechte
des Südens zu überzeugen, und ich habe ihr nicht
geradezu widersprochen, um keinen Verdacht in ihr
aufkommen zu lassen, ich deutete ihr aber an, daß
ich mich an den politischen Wirren nicht betheiligen
würde.

Dachte ich es mir doch, daß dies die Ursache
sei, weßhalb sie uns trennte und Sie mit sich in das
Segelboot nahm; sie setzt Alles daran, um Proseliten
für ihre Politik zu machen. Trauen Sie ihr nicht,
Herr Wallstein, es thut mir leid, Sie vor meiner
eignen Schwester warnen zu müssen, Ihre Ruhe,
Ihre Sicherheit aber steht auf dem Spiel, sagte
Adeline, und fügte noch hinzu, und auch mein Glück
könnte dadurch gestört werden.

Beruhigen Sie sich, Fräulein Adeline, ich bin
vorsichtig, antwortete Wallstein befangen, und spähete,
Olympia suchend, seitwärts durch den Park.

Sie haben keine Ahnung von der großen Gefahr, in die Sie gerathen würden, wenn man in Ihnen einen heimlichen Unionisten argwöhnen sollte, fuhr Adeline bangen Herzens fort, es ist bekannt, daß Abgesandte des Nordens unsere Staaten durchziehen und Uneinigkeit unter dem Volke zu erzeugen suchen, namentlich aber wiegeln dieselben die Sclaven gegen ihre Herrschaften auf, und vielseitig sind schon die gräßlichsten Mordthaten der Neger an ihren Herren die Folgen davon gewesen. Es ist dies eine Waffe, welche der Norden nicht hätte in die Hand nehmen sollen, eine ehrlose, eine verruchte Waffe!

Ich kann es mir kaum denken, daß die Nord-länder solcher nichtswürdigen Handlung fähig wären, wenn es auch einzelne Fanatiker dort geben mag, die nach solchen Mitteln greifen können, versetzte Wallstein entrüstet.

Nein, nein, es ist erwiesen, daß es die Reichen und Hohen des Nordens sind, die solche gewissenlose Menschen dingen, um Elend und Verzweiflung in die Familien der Sclavenbesitzer zu bringen, nahm Abeline wieder das Wort, sie verbreiten Schriften unter den Farbigen, worin sie sagen, daß der Norden den Krieg nur darum gegen den Süden führen werde, um alle Sclaven frei zu machen und sie mit den Weißen auf gleiche Stufe zu setzen, sie nennen sie Brüder, und fordern sie auf, zugleich Waffen gegen ihre Unterdrücker zu ergreifen.

Es ist gräulich, unerhört, und ich habe es Bayard auch geschrieben und ihn gebeten, mit aller ihm zu Gebote stehender Macht dagegen aufzutreten; denn aus Bösem kann kein Segen hervorgehen!

Jetzt näherten sie sich dem Hause, und zugleich mit ihnen erreichte Olympia mit Stauton die Veranda, wo Madame Artega und das Ehepaar Ramière sie begrüßten und sich erhoben, um nach dem Speisesaal zu gehen.

Wallstein entschuldigte sich, nicht zum Abendbrob bleiben zu können, da er bei seinem Schwager unfehlbar erwartet werde, und so sehr Abeline ihn auch

bat, zu verweilen, so ließ er sich doch nicht dazu be-
wegen.

Der Anblick von Stauton an der Seite Olympia's
jagte ihm das Blut nach dem Herzen, und es war
ihm, als zöge sich seine Brust krampfhaft zusammen.

Olympia bat ihn nicht, zu bleiben, wohl aber
warf sie ihm bedeutungsvolle, liebewarme Blicke zu,
und als er sich verabschiedet hatte und von der
Veranda in den Park getreten war, eilte sie plötzlich
ihm nach, indem sie sagte:

Ein Wort noch, Herr Wallstein, worauf sie an
seine Seite trat, und mit ihm vorwärts schreitend,
fortfuhr:

Ich sollte Dir eigentlich böse sein für das Miß-
trauen, welches Du in mich setzest, wäre ich Deiner
Liebe denn noch werth, wenn ich Dir auch nur mit
einem Gedanken die Treue brechen könnte? Ich bin
Dein, allein Dein, bis in alle Ewigkeit.

Warum bliebest Du denn nicht bei uns? versetzte
Wallstein heftig.

Weil ich Stauton nothwendig allein sprechen mußte, antwortete die Creolin, mit Wallstein um das Haus schreitend, störe nun unser Glück nicht weiter, und nimm Deine treue Olympia in Deinem Herzen mit in Deine Träume. Gute Nacht, Geliebter, willst Du mich Morgen einige Stunden früher sehen, so kannst Du mich Nachmittags in der Meetingstraße treffen, wo ich vielerlei Einkäufe zu besorgen habe.

Dann warf sie einen flüchtigen Blick um sich, reichte Wallstein ihren Mund zum Kusse, und glitt mit den Worten: „Um fünf Uhr!" nach dem Hause zurück.

Wie ein Zauber wirkte der Kuß auf Wallstein's zornig und entrüstet aufgereizte Stimmung, verschwunden war jeder böse Gedanke, fort jedes herbe Gefühl, und seine Hände gegen seine Brust drückend, sah er der Wundergestalt der Creolin nach, bis das Haus sie vor seinem sehnsüchtigen Blick verbarg.

Dann eilte er, neue Luftschlösser vor seinem hochfliegenden, beseligten Geiste aufbauend, leichten

Schrittes nach der Stadt zurück, und verbrachte die
Nacht in wonnigen Träumen von seiner Liebe.

Es war vier Uhr am folgenden Nachmittag, als
Wallstein in der Meetingstraße langsam hinschritt, und
mit bebender Ungeduld in derselben hinauf= und hinab-
schaute, ob er unter den vielen dort wandelnden Damen
nicht die hohe Gestalt seiner Olympia erkennen könne.
Das Trottoir auf der Schattenseite der Straße war
mit Frauenzimmern gefüllt, die in reicher, geschmack-
voller Toilette in Gruppen und einzeln vor den Reihen
von prächtigen Läden dahinschritten, und in dieselben
aus und eintraten.

Auffallend viel weibliche Schönheit wurde hier
zur Schau getragen, und Wallstein blieb wiederholt
an einer Straßenecke stehen, um diese Grazien des
Südens an sich vorüberziehen zu lassen und sie zu
bewundern.

Groß und klein, üppig, schlank und zierlich,
schwebten sie dahin, wiegten hinter den schwirrenden,

glänzenden Fächern ihre schwarzumlockten Häupter, und schossen die Blitze ihrer dunkeln Augen um sich.

So viele Feengestalten aber auch an Wallstein vorüberzogen, so viele feurige Blicke sie ihm auch spendeten, vor Olympia's Zauber verblichen sie alle, und immer verlangender spähete er durch ihre Reihen, um die Geliebte aufzufinden.

Endlich erfaßte sein Auge ihre hohe, edle Gestalt, wie sie majestätisch daher schritt, und schon von Weitem mit ihrem Fächer grüßend, seinem Blick begegnete.

Hast Du von mir geträumt, Geliebter? fragte sie mit aller Melodie ihrer klangreichen Stimme, als Wallstein zu ihr trat, Du bist mir, seit Du mich verließest, noch nicht einen Augenblick aus den Gedanken gekommen. O, wie habe ich mich nach Dir gesehnt!

Dabei heftete sie ihren Blick auf ihn, als wollte sie ihn durch ihre dunkeln Augen in ihre Seele schauen lassen.

Nun komm, Du sollst mir mit Deinem feinen Geschmack zur Seite stehen, ich habe Toilettgegenstände für mich auszusuchen, und möchte sie gern so wählen, daß ich Dir darin gefiele. Roth ist meine Leibfarbe und natürlich auch die Deinige, denn sie ist ja die Farbe der Liebe, und sie dämpft das tiefe Schwarz meines Haars — welches Dir so wenig gefällt, sagte die Creolin lächelnd mit einem funkelnden Blick auf Wallstein, worauf dieser in stürmischer Erinnerung an das Herabfallen des Haars Olympia's zusammen fuhr, und ihr mit aufflammendem Blick zuflüsterte:

O, Du Göttin, Dein Zauber macht mich rasend, er raubt mir alle Macht über mich selbst.

Du bedarfst deren auch gar nicht, in meinen Händen bist Du gut aufgehoben, die Liebe eines treuen Weibes ist der sicherste Führer zu des Mannes Glück, auch wenn sie ihn blind für ihre Schwächen macht, antwortete die Creolin mit süßer Stimme, und so wandelten sie in dem Strom der Menge in der Straße hinauf.

Was mag dort vorgehen? hub Wallstein nach einer Weile an, und zeigte in der Straße hinauf, wo sich in der Nähe des Marktplatzes viel Volk zu versammeln schien.

Laß uns eilen, dort ist etwas Ungewöhnliches geschehen, sagte Olympia, und beschleunigte ihre Schritte, währei.d die Leute hinter und vor ihnen gleichfalls schneller gingen.

Je näher sie dem Marktplatze kamen, um so dichter wurde das Gedränge, und bald tönte der Lärm von aufgereiztem Volk zu ihnen herüber.

Olympia nahm Wallstein's Arm, um nicht von ihm getrennt zu werden, und verdoppelte ihre Schritte, während sie mit ihrem Fächer den Männern vor sich auf die Schultern klopfte, und sie mit vertraulichen Worten bat, Platz zu machen.

Schnell öffnete sich eine Bahn für sie durch das Gewühl, Alles trat vor ihr, sie grüßend, zur Seite, und so erreichte sie mit Wallstein nach wenigen Minuten den Marktplatz, auf dessen Mitte in diesem

Augenblick ein kleiner, einspänniger Kastenwagen unter wüthenden Flüchen und Verwünschungen der ihn umwogenden Volksmassen anlangte.

Es war der Wagen eines Pedlars (Hausirers), deren so unzählige das Land durchziehen, um ihre Waaren an die Farmers zu verkaufen.

Der Eigenthümer dieses wandernden Kramladens, ein Irländer, Namens Duff, war ein junger, kräftiger, rothhaariger Mann mit dicker Nase, aufgeworfenen Lippen, und einem breiten, mit Sommersprossen bedeckten Gesicht. Er saß vorn auf dem Wagen, redete mit schreiender Stimme links und rechts nach den Männern hinab, und begleitete seine Worte durch heftige Bewegungen mit den Händen.

Man hatte ihm Peitsche und Zügel abgenommen, und schien schon in nähere Berührung mit ihm gekommen zu sein, denn auf seiner Stirn und seiner Wange trug er die blutige Spur eines Faustschlages.

Was gibt es, was hat er gethan? rief Olympia

indem sie sich durch das Gedränge Platz verschaffte, und mit Wallstein zu dem Wagen trat.

Er ist ein Abgesandter des Nordens, und hat unter dem Vorwand des Hausirens gedruckte Schriften unter den Negern im Lande verbreitet, worin dieselben zum Aufstand gegen ihre Herren aufgefordert werden, weil der Norden ihnen zu Hülfe kommen und sie frei machen wolle. Sein Wagen ist damit angefüllt, rief einer der Männer, welcher das Pferde führte, Olympia zu, während zugleich ein Anderer ihr ein Exemplar dieser Schriften überreichte.

Dann. brach die umstehende Menge wieder in Verwünschungen gegen den Irländer aus, und wie ein Donner schallten die Flüche gegen ihn aus tausend Kehlen durch die Straßen hin und her.

Sehen Sie den hochherzigen, edlen Norden! sagte Olympia mit aufflammendem Zorn zu Wallstein, das sind die Waffen dieser elenden Feiglinge, die sie gebrauchen, um uns unserer Rechte zu berauben!

In diesem Augenblicke hatte ein junger Bursch

den Wagen bestiegen, zog unter den vielerlei Waaren, die in demselben lagen, mit beiden Händen eine An- zahl der Druckschriften hervor, und warf sie weit in die Menge hinaus, indem er rief:

Da, lest, was der Hund unter den Negern ver- theilt hat, und sagt, was wir mit ihm thun sollen!

Olympia hatte ihren Blick flüchtig über die Broschüre gleiten lassen, das Heftchen bebte in ihrer Hand, ihre Oberlippe zog sich zusammen, ihre Zähne glänzten unter derselben hervor, und sich plötzlich hoch aufrichtend, zeigte sie mit ihrem Fächer auf den Hausirer, und rief mit aller Kraft ihrer Stimme:

Verbrennt ihn in den Flammen der Schriften!

Um Gottes Willen, Olympia! schrie Wallstein auf, und wollte die Creolin hinwegführen, doch diese warf ihm einen Blick zu, wie der eines gereizten Raubthiers, winkte abermals nach dem Pedlar hin, und rief:

Verbrennt ihn auf seinem Wagen! Und „Verbrennt ihn auf feinem Wagen!" fchallte es wie ein Sturm über den Platz und durch die Straßen.

Man ergriff den Sünder auf feinem Sitze, band ihn mit Striden, die im Wagen lagen, mit den Beinen auf demfelben feft, und ehe einige Minuten verfloffen waren, trug man Einer mit Theer, Holz, Hede und Stroh herbei. Der Wagen wurde mit letzteren umwunden, das Holz hinter und um den Unglücklichen aufgethürmt, Alles mit Theer beftrichen, und fchließlich betheerte man auch noch unter Jubel und Hurrah's den Verurtheilten felbft.

Das Pferd war ausgefpannt und fortgeführt, die Menge drängte fich in weitem Kreife von dem Wagen zurück, und Wallftein flehte Olympia nochmals an, der fchrecklichen That Einhalt zu thun und mit ihm diefen Platz des Entfetzens zu verlaffen; doch fie blieb hoch aufgerichtet in der vorderften Reihe ftehen, und fagte mit wildem, triumphirendem Tone:

So foll es allen Unionsmännern ergehen, deren wir habhaft werden, und fäße ftatt diefem elenden

Schurken Lincoln, oder Bayard auf dem Wagen, so
würde ich selbst das Feuer darunter legen.

In diesem Augenblick war die Vorbereitung zu
dem furchtbaren Schauspiel beendet, mehrere Männer
zogen Feuerzeuge aus ihren Taschen hervor, und
zündeten trotz Schreien, Bitten und Flehen des
Hausirers die Hede und das Stroh an den Rädern an.

Die Flammen wirbelten um den Wagen empor,
die Angst- und Schmerzensschreie des Deliquenten
verhallten in dem Sturm der Jubelrufe und Hurrahs
der Zuschauer, und bald war das Fuhrwerk mit dem
Irländer in eine Feuer- und Rauchsäule gehüllt;
Wallstein aber hatte die Creolin mit Entsetzen verlassen, und floh durch die Straßen davon, um
den schrecklichen Tönen des wüthenden Volkes zu
entgehen.

So erreichte er die Post, trat schnell in dieselbe
ein, und empfing dort einen Brief mit dem Stadt-
postzeichen, auf dem er jedoch die Schriftzüge Bayard's

erkannte, und aus welchem ein zweiter an Adelinen in seine Hand fiel.

Er stand, auf die Briefe schauend, da, ohne für den Augenblick im Stande zu sein, seine Gedanken darauf zu richten, denn das Gräuelbild des brennenden Wagens mit dem schreienden Hausirer zwischen den Flammen und die Gestalt der Creolin in der vorderften Reihe der Zuschauer, wie sie triumphirend mit dem Fächer nach dem Unglücklichen zeigte, standen noch in ihrer ganzen Furchtbarkeit vor seinem Geiste, so daß die Erinnerung an den fernen Freund nicht sogleich in ihm zur Geltung kommen konnte.

Er war wie betäubt von Entsetzen, Alles schien sich mit ihm im Kreise zu drehen, und aus Allem sah die Creolin mit der gehobenen Oberlippe und dem winkenden Fächer hervor.

Vergebens suchte er nach den bezaubernden Bildern von ihr, welche bisher seine Seele so hoch beglückt hatten, er suchte sie, wie sie ihm zum ersten Male die Hand zum Kusse reichte, er suchte sie, wie sie mit gelöstem Haar ihn an ihr Herz sinken ließ, er fand sie aber immer nur, wie sie dem Hausirer den Flammentod bereitete.

Vor dem Gedanken, ihr wieder zu begegnen, bebte Wallstein mit Schaudern zurück, wie konnte er sie wiedersehen, nachdem sie einen Menschen lebendig hatte verbrennen lassen!

Alle seine Hoffnungen, seine Luftgebäude lagen in Trümmern vor ihm, und das Versprechen, welches er Bayard gegeben hatte, trat wieder in seiner ganzen wichtigen Bedeutung vor seinen Geist. War es nicht Recht, war es nicht Pflicht, einer großen, edlen Nation seine Kräfte zu leihen, um solche ruchlose Friedensstörer, wie diese Südländer es waren, wieder zu Gesetz und Ordnung zurückzuführen, war es die ideale Verfassung dieser Nation nicht werth, daß man etwas für deren Aufrechthaltung thäte? Und hatte er es seinem Freund Bayard nicht gelobt und rechnete dieser nicht auch persönlich auf seinen Beistand?

Wallstein verbarg die beiden Briefe in seiner

asche, und folgte, mit sich selbst darüber im Streit, as er in Bezug auf die beiden Schwestern thun llte, den Weg nach seiner Wohnung.

Konnte, durfte er Adelinen verlassen, war er Bayard nicht schuldig, ihm in dessen Verkehr mit iner Braut dienlich zu sein, war es das brave, edle Mädchen nicht werth, daß er ihr beistehe, ihr zu ihrem Blücke zu verhelfen, konnte sie dafür, daß ihre Schwester so herzlos, so grausam war?

Ende des zweiten Bandes.